KB206056

〈말씀과 언약 소책자 시리즈 1〉

데이비드 웰스와 함께 하는 하루

이승구

도서출판 말씀과 언약

2021

데이비드 웰스와
함께 하는 하루

출판일 · 2021년 5월 31일
지은이 · 이승구
펴낸이 · 김현숙
편집인 · 윤효배
펴낸곳 · 도서출판 **말씀과 언약**
서울시 서초구 동산로6길 19, 302호
T_010-8883-0516
디자인 · Yoon & Lee Design

ISBN : 979-11-970601-4-4   03230

가격 : 6,000원

데이비드 웰스와
함께 하는 하루

현대 사회 속의 교회와 현대복음주의에 대한

데이비드 웰스의 진단과 처방

이승구

도서출판 말씀과 언약

2021

A Day with Professor David Wells:

David Wells' Diagnosis of the Church and
the Recent Evangelicalism
in the Modern and Postmodern World

Seung-Goo Lee

The Word and the Covenant Press

2021

이 책은 〈한국개혁주의연구소〉의 후원으로 출간이 가능하게 되었습니다.

이 땅에 개혁파적인 사상이 가득하게 하기 위해

성경에 충실한 개혁파적인 책들을 출간하도록

귀한 도움을 주신 〈한국개혁주의연구소〉에 감사드립니다.

또한 이런 일이 일어질 수 있도록 매달 연구소를 위해 귀한 후원비를
보내주시는

다음 여러 교회와 성도들께도 깊이 감사드립니다.

이런 후원으로

이 땅에 개혁파적 사상이 가득하게 될 수 있기를 기원합니다.

정채훈 장로 (동부교회)

예수비전교회 (도지원 목사 시무)

올곧은교회 (십호섭 목사 시무)

만수동교회 (최은준 목사 시무)

신반포중앙교회 (김지훈 목사 시무)

경신교회 (신민범 목사 시무)

언약교회 (박주동 목사 시무)

사명의교회 (김승준 목사 시무)

차 례

들어가는 말

현존하는 신학자들 가운데서 정통주의적 개혁주의에 가장
충실하면서도 다양한 현대인들을 잘 설득하는 신학자의 한
사람으로 우리는 고든–콘웰 신학교의 연구교수인 데이비드
웰스(David Falconer Wells) 교수를 들 수 있다. 그래서 이
작은 책은 데이비드 웰스 교수와 하루를, 그 중에서도 한 두
시간을 같이 보내기를 요청하는 책이다. 우리는 하루, 그 중
에서 한 두 시간을 사용해서 데이비드 웰스가 1993년부터
2008년까지 15년 동안, 우리들이 살고 있는 이 사회의 특성
을 분석하고, 그곳에서 교회가 과연 어떤 모습을 지니고 있
는 지, 특히 현대복음주의가 어떻게 되어 가고 있는 지를 점
검하면서 그 대책을 내어 놓은 큰 작업을 같이 생각해 볼 수
있을 것이라고 생각하여 『데이비드 웰스와 함께 하는 하루』
라는 제목을 제시하였다.

　　우리가 하루를 투자해서 웰스가 15년의 작업을 하
여 지난 200여 년, 특히 최근 50년의 교회의 동향을 성경
적으로 점검하면서 우리의 갈 바를 제안한 것을 검토하는
일은 매우 의미 있는 일이 될 것이다. 우리의 하루로, 웰스
의 15년 작업을 통해서, 현대 사회 속의 교회의 50년을 점

검해 보자는 것이다.

한국의 모든 그리스도인들이 이 책을 사용해서 웰스 교수와 하루를 함께 보내기를 바라고, 그 하루의 시간이 우리를 더 성숙시켜서 웰스 교수와 같은 문화적 변증을 제대로 하는 사람들로 만들 수 있기를 바라면서 이 작은 책을 〈도서출판 말씀과 언약의 소책자 시리즈 1〉로 여러분께 제시한다.

2021년 5월 22일

1

데이비드 웰스,

그는 누구인가?

1. 데이비드 웰스, 그는 누구인가?

데이비드 웰스(David Wells) 교수는 본래는 남아공 사람이라고 말할 수도 있으니, 그는 지금 짐바브웨(Zimbabwe)인 남부 로데지아의 불라와요(Bulawayo)에서 태어나(1939) 남아공의 케이프타운 대학교에서 공부하고, 1,960년에 건축사가 되어 영국에서 건축 분야의 일을 하다가 그전에 남아공에서부터 느껴 왔던 목회적 소명을 더 깊이 인식하였다고 한다. 이를 실천하고자 그는 런던 대학교에서 신학을 공부하여 1966년에 신학사(B.D.) 학위를 하였다.[1]

이 때 웰스는 영국 출신의 사회변증가로 1984년 이래로 미국서 살고 있는 오스 기니스(Os Guinness, 1941-)와 같이 공부했다고 한다. 두 분 다 1966년에 런던대학교에서 신학사를 했으니 당연한 것이지만 특히 "악명 높은 최종 시험을 준비하는 수업을 함께 수강했다"고 언급하는 웰스 교수의 말을 기억할 수 있다(David F. Wells, *Above All Earthly Powers*, xii=『위대하신 그리스도』, 18). 오스 기니스는 1981년에 옥스퍼드에서 피터 버거에 대한 연구로 박사 학위를 하고,[2] 미국에서 다양한 사회 문제에 대한 기독교적 변증가 역할을 하고 있다.

신학사를 미친 후에 데이비드 웰스는 미국으로 가서, 시카고의 트리니티 신학교(Trinity Evangelical Divinity School)에서 교회사 공부를 하고 칼빈의 예정론에 대한 논문을 써서[3] 신학 석사 학위(Th. M., 1967)를 하였다. 칼빈의 예정론에 대한 아주 좋은 논의를 하는 이 논문에서, 그는 칼빈에게는 전택설적 요소와 후택설적인 요소가 다 있고 그 두 요소가 서로 대립하는 성격을 지닌다고 논의했다.[4] 그 이후 웰스는 다시 영국으로 가서 만체스터 대학교에서 교회사에 대한 논문으로 박사 학위를 하였다(Ph. D., 1969). 그 후 다시 미국에 와서 예일 대학교 신학부에서 연구원(post-doctoral research fellow)으로 있었다.

웰스 교수의 가르치는 사역은 1969년부터 미국 트리니티 신학교에서 교회사를 가르치는 것으로 시작되었다. 그는 트리니티 신학교에서 교회사 정교수와 학과장을 역임하고, 매우 흥미롭게도 1977년에 조직신학 교수가 되었다. 영국에서 역사신학과 조직신학을 넘나들며 작업하는 분들의[5] 좋은 예가 웰스에게서도 실현된 것이다.

　　그러다가 1979년에 고든-콘웰(Gorden-Cornwell)
신학교의 신학과 교회사 담당 교수로 가르치기 시작하여 30
년 이상 가르치고 지금도 계속해서 연구교수(Distinguished
Senior Research Professor)로 있는 중요한 조직신학자이
다. 1985년에는 미국신학회 회장도 역임했고, 1998년부터
2000년까지는 고든-콘웰의 샤롯 캠퍼스의 교무담당 학감
(Dean)을 하기도 했다. 그가 매우 뛰어난 저술 활동을 하면
서 학생들을 아주 잘 가르친 교수라는 것을 그의 많은 학생
들이 한결같이 증언한다.[6]

2

데이비드 웰스의

활동과 저술들

2. 데이비드 웰스의 활동과 저술들

웰스는 뛰어난 개혁신학자로서 연구하면 가르치면서 동시에 세계 속에서 복음을 전하는 일에도 많은 관심을 가지고 여러 활동을 했다. 그는 세계복음화를 위한 로잔 위원회와 그 신학위원회 위원으로 활동했으며, 수년 동안 제 3 세계 목회자들을 위한 교육을 감당하기도 했고, 1985년에는 존 스토트가 세운 〈런던 현대 기독교 연구소〉(the London Institute for Contemporary Christianity)의 강의자로 위촉되기도 하였다. 이러한 복음 전도적 열심은 그의 저서인『구원에 대한 추구』에서와[7]『복음 전도자 하나님: 성령님께서 사람들을 어떻게 신앙에로 이끄시는가?』,[8]『하나님께로 돌이킴: 현대 세계에서의 성경적 변개』,[9] 그리고『현대 세계에서의 복음』(*The Gospel in the Modern World*, 1991)에서도 잘 나타난다.[10]

그의 저서에 나타난 신학적 관심은 그의 저술 활동 초기에 천주교회의 사상적 변화를 살피는 작업으로『로마에서의 혁명』과[11]『죠오지 티렐의 예언적 신학』[12] 등이 있고, 기독론에 대한 단행본인『그리스도는 누구신가?』가[3] 그의 조직신학적 주저의 시작이었다고 할 수 있다.

또한 웰스 교수는 미국에서와 세계 속에서 복음주의의 분명한 모습을 잘 드러내려는 목적으로 다음과 같은 여러 책들을 편집했다. 클락 피녹과 같이 편집한 미래 신학의 방향

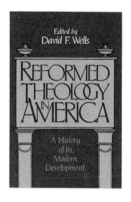

에 대한 논의들의 모음인 『미래를 위한 신학을 위하여』,14) 트리니티의 역사신학 분과의 동료 교수인 우드브리쥐와 함께 복음주의자들이 과연 무엇을 믿고, 어떻게 해야 하는가를 다룬 『복음주의자들』,15) 가장 뛰어난 복음주의 역사신학자로 정평 있는 마크 놀과 같이 편집한 『현대 세계에서의 기독교 신앙과 실제』.16) 그리고 그의 편집 작업 중에 가장 큰 기여는 역시 여러 개혁신학자들을 동원하여 미국에서의 개혁신학의 진전 과정을 아주 잘 드러낸 『미국에서의 개혁신학』이라고 할 수 있다.17) 이 책에서 그는 다른 분들과 함께 초기부터 미국에서의 개혁신학의 진전 과정에 대한 좋은 정리 작업을 하였다.18)

그러나 그의 가장 큰 기여는 역시 그의 5부작이라고 할 수 있다. 이 5부작의 시작은

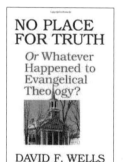

(1) 이 전체 작업의 서론이라고 할 수 있고, 데이비드 웰스의 문화적 복음주의 신학 서론으로 이 5부작의 토대를 마련한 1993년의 『진리 실종』이다.19) 후에 자세히 살펴볼 것처럼, 그는 이 책에서 현대사회의 문제와 현대 교회의 문제를, 현대 자유주의 신학은 물론 현대

복음주의 신학의 문제를 잘 드러내고 있다.

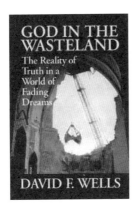

(2) 그 다음해인 1994년에 출간한 『거룩하신 하나님』은 웰스의 문화신학의 신론이라고 할 수 있다. 이 책에서 웰스는 현대 세계를 엘리오트(T. S. Eliot)의 표현을 차용하여 "황무지"라고 하면서, 이 황무지 속에 계신 하나님을 말하면서, 참된 복음주의신학은 이런 세계 속에서 성경적 진리의 실재를 드러내야 한다는 것을 강하게 주장하였다.[20]

그리고 (3) 그로부터 4년 후인 1998년에 낸 문화신학 시리즈의 인간론과 구원론, 그리고 윤리학이라고 할 수 있는 『윤리 실종』에서는[21] 참된 덕을 상실하는 근본적 원인이 무

엇인지를 잘 드러내면서 어떻게 해야 다시 이 참된 덕을 추구하는 사람들이 될 수 있는 지, 이를 밝히는 신학은 과연 어떤 신학인지를 잘 제시하고 있다.

그리고 (4) 그로부터 7년 후에 낸 그의 문화신학 시리즈의 기독론이라고 할 수 있는 『위대하신 그리스도』에서는[22] 성경에 참으로 일치하는 그리스도에 대한 이해가 어떤 것임을 세상 전체의 흐름을 추적하면서 잘 제시하여, 성경이 말하는 그리스도는 이 세상의 모든 세력들 위에 계신 분이시라는 것을 잘 드러내면서, 참된 기독론을 가지고 있다는 것은 그저 이론적으로만 아니라 실질적으로 그리스도께서 이 세상 모든 세력들 위에 계심을 분명히 하고 드러내야한다는 것을 밝혔다.

사실 2005년에『위대하신 그리스도』까지 내고서 4부작으로 자신의 이 장정을 마무리한다고 했던 웰스 교수는[23] 그 동안 변화된 시기를 고려하면서, 1993년부터 2005년이라는 오랜 시간에 걸쳐서 쓰여진 이 모든 내용을 다시 한 번 요약하는 책을 내어 달라는 요청에 따라서 (5) 그로부터 3년 후에 2008년에 이 기획 전체를 정리하면서 전체를 요약하면서, 각주 없이 써서 낸 책이 마지막 책인『용기 있는 기독교』, 정확하게는『개신교도가 될 용기』(*The Courage to Be Protestant*, 2008)이다.[24] 그리하여 그의 4부작이 5부작이 되었고, 웰스는 이 5부작으로 근자의 미국 문화와 깊이 대화하면서 복음주의 신학이 지향할 방향을 잘 제시했다.

그리하여 1993년부터 2008년까지 15년 동안 저술된 이 5부작은 20세기 말에 저술된 신학서적들 가운데서 아마 가장 성경에 충실하고 복음주의적 개혁파 신학의 전통에 든든히 서 있으면서도 우리가 살고 있는 현대 문화와 후-현대적 문화 현상에 깊이 관여하며 그와 활발하게 대화를 나누는 가장 귀한 신학 저술들로 기억될 것이다. 이 5부작이 김재영 목사님과 윤석인 목사님, 홍병룡 간사님 등 가장 뛰어난 번역자들에 의해서 이미 오래 전에 우리말로 옮겨져서 한국 독자들도 데이비드 웰스 교수의 생각과 깊이 대화할 수 있음에 대해서 기쁘게 생각한다.

이 5부작의 첫 책인 『진리실종』 (1993)의 영향 하에서 세계 복음주의자들이 이 책이 말하는 방향으로 복음주의 운동이 진전해 가야 한다고 선언하는 〈캠브리쥐 선언〉(1994)을 한 바 있다.[25] 이 선언은 몽고메리 보이스와 마이클 호톤 주도 하에 〈고백하는 복음주의 동맹〉(the Alliance of Confessing Evangelicals)이 한 것인데, 이는 복음주의의 현황을 걱정하는 개혁파 복음주의자들과 루터파 복음주의자들이 함께 하는 복음주의 그룹의 선언이었다. 1996년 4월 17일에서 20일에 미국 매사츄세츠 주에 있는 캠브리쥐에서 모여서 컨퍼런스를 하고, 이 선언을 하였기에 이를 〈캠브리쥐 선언〉이라고 한다. 데이비드 웰스와 마이클 호톤이 쓴 초안을 여러 분들이 같이 점검하여, 전통적인 "5대 솔라"(5 solas)를 중심으로 역사적 기독교의 입장을 현대적 정황에서 천명하는 이 선언을 같이 한 신학자들은 우리가 잘 아는 다음 같은 분들이다: Dr. John Armstrong, Rev. Alistair Begg, Dr. James M. Boice, Dr. W. Robert Godfrey, Dr. John D. Hannah, Dr. Michael S. Horton, Mrs. Rosemary Jensen, Dr. R. Albert Mohler Jr., Dr. Robert M. Norris, Dr. R. C. Sproul, Dr. Gene Edward Veith, Jr., Dr. David F. Wells, Dr. Luder Whitlock, Dr. J. A. O. Preus III.

이 분들은 20세기 말 정황 속에서 우리들이, 장로교인들의 경우에는 〈웨스트민스터 신앙고백서〉나 침례교인들의 경우에는 〈1689년 침례교신앙고백서〉에 충실한 복음주의 운동을 할 것을 선언했다.[26] 이렇게 복음주의 운동을 바른 방향으로 이끌려고 한 웰스와 함께하는 여러 분들의 노력에도 불구하고 미국에서나 특히 우리나라에서 많은 소위 복음주의자들은 아직도 이리저리 방황하는 듯하다.[27] 그러므로 우리는 이 분들의 작업에 신경을 쓰고, 특히 웰스 교수의 5부작을 심각하게 세심하게 읽으며 우리에게 적용해 가려고 해야 한다.

이 5부작과 함께 이미 오래 전에 번역되었던(1992) 『그리스도는 누구신가?』도 더 많이 읽었으면 한다.[28] 이 책

은 이 5부작보다도 좀 더 개혁신학적 특성과 학문적 논의가 잘 드러나고 있는 책이다. 사실 이와 같은 방식으로 모든 조직신학 분야(loci)에 대해서 웰스 교수님께서 책을 써 주셨으면 데이비드 웰스 교수님이 좀 덜 유명해졌을 수는 있지만, 아마 더 큰 공헌을 하셨을 것이다. 그렇게 진술된 신학 책은 우리의 개혁신학이 나아가야 할 방향을 잘 보여주기 때문이다. 특히 하나님 나라를 중심으로 기독론을 잘 제시한 것과 같은 논의가 다른 조직신학 분야의

논의에서도 잘 나타나면 그것은 우리의 신학에 매우 큰 기여를 할 것이다.[29)]

『그리스도는 누구신가?』는 기독론 문제에 대한 성경적, 교회사적 모든 논의를 포함하며 현대의 다양한 도전들에 대한 정통적 기독론의 의미를 잘 드러내는 보기 드문 빼어난 신학서인데 비해서,[30)] 『위대하신 그리스도』는 21세기 미국 사회와 오늘날의 문제, 특히 포스트모던 문화 속에서 그리스도의 의미를 드러내는 문화적 신학을 제시한 논의라고 할 수 있다.[31)]

웰스는 또한 2014년에 하나님의 거룩하신 사랑이 우리 사회를 어떻게 재편할 수 있는 지를 논한 『회오리 바람 속에 계신 하나님』을 내어서[32)] 우리들로 하여금 갈 길을 더 잘 찾을 수 있게 하였다.

3

데이비드 웰즈 신학의

특성들

3. 데이비드 웰즈 신학의 특성들

데이비드 웰스는 개신교 정통신학에 매우 충실하여, 성경에 대한 강한 확신에 근거하여 신학적 작업을 한다. 흥미로운 것은 웰스는 이렇게 철저하게 성경에 근거해서 신학의 모든 내용을 논의하면서도 동시에 우리가 살고 있는 현대의 다양한 문제들을 깊이 있게 분석하면서 그 문제들에 의해 교회가 어떻게 영향을 받고 있는지를 상론(詳論)하고, 그 문제들을 해결하는 방향도 제시하며, 그 영향을 극복해 나가는 신학을 제시한다는 점이다. 미국적 상황에서 신학 자체가 잘못되어 가며, 특히 복음주의조차도 신학이 진정한 역할을 상실해 가는 안타까운 상황을 잘 제시하면서, 이를 "신학 상실" 또는 "진리 상실"이라고 잘 표현해 내었다. 우리에게 이와 같이 현대 사회의 복합적인 문제들과 깊이 있게 대화하면서 성경에 충실한 신학을 잘 제시하고 있는 신학자가 있다는 것은 큰 기쁨이다. 그는 참으로 이 시대를 사는 철저한 정통파 신학자라고 할 수 있다.

또 어떤 의미에서 웰스는 새로운 의미의 문화신학자라고 할 수 있다. 상당수의 문화 신학이 문화에 매몰되었거나 매몰 되어가는 모습을 드러내는 것에 비해서, 웰스는 우리 시대의 문화와 깊이 있게 대화하면서 정통파 개혁신학적 입장을 유지해 가고 있다는 점에서, 그리고 온 세상과 특히 복음주의자들로 하여금 개신교 정통주의(Protestant orthodoxy or classical Protestantism), 즉 성경적 정통 (biblical orthodoxy)으로 되돌아 갈 것을 촉구하고 있다는 점에서[33] 그는 현대를 사는 매우 흥미로운 정통주의 신학자이다.

예를 들어서, (1) 그는 성경이 성령에 의한 영감되었음과 성경의 충족성을 온전히 주장하고,[34] (2) 하나님의 거룩성을 가장 잘 드러내면서 변호하며,[35] (3) "우리들은 그리스도가 없이는 도무지 용서 받을 수 없는 그런 죄를 저질렀다"고 하면서,[36] 그 죄는 하나님께 대한(against God) 범죄이기에 "가장 근본적 문제는 하나님과의 관계의 뒤틀림"이라고[37] 하고, 타락한 인간의 전적인 무능력을[38] 정확히 보는 성경적 죄 이해에 충실하다. 또한 그는 (4) 그리스도 사역의 충족성을 잘 드러내고, 유일하신 신인(神人, the God-man)이신 그리스도께서 하나님 나라를 가져오시고 그의 재림으로 그 나라를 극치(極致)에 이르게 하실 분이시라는 것을 잘 강조한다.[39] (5) 그러므로 우리들이 "그리스도의 사역에 무엇인가를 더하는 것은 곧 그리스도의 업적을 손상시키는" 것이 된다는 것(Christ *alone*)을 잘 지적하면서,[40] 이를 분명히 해야만 "오직 은혜"(*sola garatia*, grace alone)를 말하는 것임을 분명히 하고,[41] (6) 만일에 "중생이 없으면 새로운 삶도, 하나님을 향한 욕구도, 하나님을 아는 가운데 하나님 앞에서 살 수 있는 역량도 없게 된다"고 주장하며,[42] (7) 교회를 구속받은 성도들이라고 하고,[43] "교회는 하나님의 창조물이고 오직 하나님께서만이 자라게 할 수 있다"고[44] 주장한다. 그는 또한 (8) 교회의 표지를 개혁파의 3가지 표지로 명확하게 제시하고,[45] (9) 완전한 사람과 교회는 이 땅에 없으나(*pace* perfectionism and *pace* Donatists) 우리는 끊임없이 회개하면서 은혜에 근거해서, 그저 사회적 교양의 태도(social niceness) 이상의 경건의 삶을 행해 나가야 한다고 강조하고,[46] (10) "하나님 앞에서"의 우리의 모습을 직시하면서 회개하고, 하나님께 온전히 순종하자고 권한다.[47] 이처럼 웰스는 모든 면에서 참으로 철저한 개혁파 정통신학자이다.

그러므로 웰스는 **현대(modern era)와 후-현대(post-modern era) 안에서 어떻게 정통주의자일 수 있는지를 보여 주는 아주 분명한 모델**이다. 그런 점에서 웰스는 한국의 전형적인 그리스도인들(즉, 현대와 후 현대 시대를 살면서도 성경에 충실한 정통주의 기독교에 충실한 그리스도인)을 크게 격려하며, 힘을 주고 있다고 할 수 있다.

데이비드 웰스의 책을 읽으면서 우리들은 한국 사회 속에서 교회와 신학이 우리들이 살고 있는 문화의 영향을 받아 가는 것을 정확히 바라보면서, 그런 경향들과 달리 성경에 충실한 신학과 교회의 모습을 회복해 갈 수 있는 방법을 찾아야 한다. 그것이 이 시대에 한국 땅에서 살아가는 그리스도인들과 교회와 신학하는 사람들이 감당해야 할 사명이다. 데이비드 웰스가 진리를 실종해 가는 세상 속에서 유일한 진리의 원천과 진리 자체를 잘 보존하여 제시하며, 우리들이 살고 있는 이 황무지 속에서 살아계신 하나님을 손상없이 잘 제시하고, 덕을 상실한 현대와 현대 이후 사회 속에서 진정한 기독교적 덕을 제시하고 그 덕을 형성하고 추구해가는 방법을 잘 제시한 것을 잘 바라보면서, 이 땅에 사는 우리들도 이 시대에 이곳에서 성경에 충실한 교회를 드러내려고 해야 하고, 그런 교회를 위한 신학을 하려고 해야 한다.

4

웰스가 말하는

우리 시대와 문화의 문제점들

4. 웰스가 말하는 우리 시대와 문화의 문제점들

웰스는 **현대화**가 서구 사회에 심각한 영향을 미쳐서 결국에는 현대화가 우리가 믿는 것과 사는 방식에도 큰 영향을 미쳤다고 한다. 그것의 가장 심각한 문제점은, 그의 5부작 시리즈의 한국어 판 서문에 웰스 교수 자신이 잘 표현하고 바와 같이, "이 환경이 기독교 신앙에서 **의미**가 사라지게 하고, 기독교 신앙의 효력을 무(無)로 돌리는 힘이" 있다는 것이다.[48] 특히 이 시대에 신학은 "아무리 임시 처방을 하고 임시로 수리한다고 해도 그런 응급처치로는 감당하기 어려울 만큼 심각하게 잘못되어" 있다고 분명하게 말한다.[49] 그 한 예를 제시하면서, 웰스는 "과거에 신학의 자양분이 되었던 구약 성경 연구와 신약 성경 연구 등의 학문 분과들이 지금은 각자 자신의 독립성을 주장하면서 신학을 공격한다."고 아주 솔직하게 말한다.[50]

그래서 웰스는 자신이 하는 작업이 현대성이라는 "이 특별한 변화의 중심에서 그리스도인이 그리스도인답게 살아가도록 하는 일종의 종교개혁"이라는 의식으로 작업을 한다.[51] 그 이유는 **"교회에 지금 필요한 것은 부흥이 아니라 개혁"**이기 때문이다.[52]

이 개혁을 바로 하기 위해서 그는 우리가 그 안에서 살고 있는 문화를 분석하기 시작한다. 이런 점에서 그는 **이 시대에 가장 중요한, 종교개혁적인 문화 신학자**라고 할 수 있다. 그래서 나는 웰스의 5부작의 작업을 적극적, 문화적 변증이라고 말한다. 웰스 자신도 자신의 책들이 "그리스도와 문화를 다루는 책"이라고 여겨지리라는 것을 의식하고 있고,53) 자신이 문화를 분석하는 일을54) 한다고 하기도 하고, 오늘날 문화의 격류를 따라서 "정처 없이 표류하는"55) 교회를 위하여 "현대 문화의 본질을 살피는" 것이라고 하기도 한다.56) 이것이 "바로 오늘날 우리에게 닥친 도전"이다.57) 자신들이 살고 있는 세상 자체와 세상이 왜 현 상태에 이르게 되었는지에 대해서 잘 생각하지 않는58) 현대인들을 위해 그는 기꺼이 이 작업을 해 주고 있다.

그는 분석의 편의를 위해서, 현대화(modernization)와 그 정신인 현대성(modernity), 그리고 이와 밀접히 연관된 세속화(secularization)와 그 정신인 세속주의(secularism)를 중심으로 그가 현대 사회라고 부르는 이 시대를 분석하고 있다.59) 이하에서 우리들은 웰스의 논의를 따라 가면서 이 개념들을 그가 어떻게 사용하고 있는 지 생각해 보도록 하자.

현대성이 발생한 환경: 현대화(modernization)

일단 웰스는 서구 사회가 근대로부터 현대로 이전하여 가서 근대에서 마련된 것이 더 구체화되어 "우리가 '현대성'(modernity)이라고 부르는 느슨한 심리적 태도"가 형성된 때가[60] 언제인지를 찾아보려고 한다. 물론 그 때가 정확히 언제라고 말하기는 어렵다. 필립 존슨은 그 시기를 좀 이르게 잡으면서, 영국군이 프랑스 군에 대해 워터루에서 승리한 해요, 미국에서 앤드류 잭슨이 뉴올리안스에서 영국군을 무찌른 1815부터 서구의 식민지화가 강화되기 시작한 1830년 사이라고 한다.[61] 제프리 배라클로우는 과학이 급진적으로 발달하여 의료와 운송과 기술의 발전이 이루어진 1890-1900에 이르는 시기라고 주장한다.[62] 오늘날 일반적으로 많이 받아들여지는 견해는 1910년 런던에서 후기 인상파 전시회가 처음 열린 때로 부터를 현대로 보자는 것이다. 물론 이 변화가 사회에 뿌리를 내린 것은 1920년대부터이지만 말이다.[63]

웰스 교수는 어떤 면에서 이 세 가지 견해를 다 받아들이면서도, 결국 둘째와 셋째 견해를 중시하면서 좁은 의미의 현대는 "크게 보아 19세기 3분기 경에 시작되었으며, 현대성의 온전한 모습은 20세기 전반기에 등장했"고 주장한다.[64] 이는 민주주의, 자본주의, 기술의 발전, 그리고 도시화와 같이 전 세계에서 일반화되고 있다고 한다.[65] **현대라는 "이 새로운 시대는 서구 문화의 업적을 토대로 탄생했다."[66] 그러나 현대화는 이제 전 세계적인 형상이다.[67] 따라서 이는 보편적 현상**이다.[68] 그 결과 각기 독특한 문화를 가졌던 이전과는 달리,[69] 이제는 온 세상이다 비슷한 "진부한 문화"를 공유한다.[70] 온 세상이 다 "선으로 얽힌 세

대"(wired generation)"가 되었다.71)

　　그런데 웰스는 "지성적인 관점에서 볼 때, 현대 세계
는 계몽주의와 더불어 시작되었다"고도 말하기도 한다.72)
그리고 이성 중심의 "계몽주의 프로젝트는 이제 종결되었
다"고 말하기도 하고,73) 리처드 롤티와 더불어서 "이런 의
미의 현대성은 죽었다"고 말하기도 한다.74) 그런데 지성사
적으로 죽어 가고 있던 현대성이 "사회학적인 형태로 다시
태어나고 있다"고 하면서,75) 그 일의 준비가 19세기 사분기
라고 하고, 바로 그런 의미에서 "현대세계는 이 시점에 시작
되고 있었다고 볼 수 있다."고 주장하기도 한다.76)

　　오늘날의 많은 포스트모던주의자들이나 토마스 오든
이나 디오게네스 알렌처럼,77) 웰스도 어떤 때에는 현대와
포스트-모던을 구별하면서 논의하기도 한다.78) 그러나 대
개는 (특히 초기 두 저서에서는) 현대와 포스트-모던을 모
두 다 "현대성의 도전"으로 제시하면서 분석한다. 이런 데서
웰스 교수가 말하는 현대성은 매우 폭넓은 것임이 드러난다.
이런 태도가 나름의 정당성을 가질 수 있는 것은 예를 들어
미셸 푸코 같은 포스트모던주의자도 오늘날 사람들을 언급
하면서 그저 "현대인"이라고 하고,79) 오늘날을 "현대"라고
때문이다.80)

　　그러므로 어떤 의미에서 웰스는 현대주의의 프로젝
트는 아직 끝나지 않았다고 말하는 하버마스와 같은 입장에
서 논의하는 것이다. 단지 하버마스는 현대주의의 프로젝트
가 옳은 방향이라고 여기는데 비해서, 웰스 교수는 그것이

근본적으로 문제가 있는 프로젝트라고 보는 것만이 다르다.

그래서 웰스는 포스트-모던주의는 도시화, 자본주의, 과학 기술, 정보 통신 같은 모더니즘의 체계는 그대로 두면서 "절망 속으로 침잠하는 **또 다른 형태의 현대성**을 만들어 내는 형편"이라고 말한다.[81] 또는 아주 명확하게, "**탈현대성이 현대성과 근본적으로 단절되기 보다는 사실상 변형된 현대성을 만들어 낸다고 생각하고 싶다**"고 말하기도 한다.[82] 또 다른 말로는, "우리가 현대성의 사후에 살고 있는 것이 아니라, 현대성의 주도권이 정점에 이른 시기에 살고 있다"고 주장할 수도 있다고 한다.[83] 웰스는 이것을 다음 같이 재미있게 표현하기도 했다. "우리는 죽어가는 계몽주의의 백조의 노래(Swan song)를 들으면서, 계몽주의의 시체에서 소생하는 불사조를 보고 있다."[84] 그러므로, 웰스에 의하면, 포스트-모던주의는 그로부터 그들이 "스스로 해방되었다고 주장하는 현대성과 분리하여 이해될 수 없다."[85] 그 둘은 사실상 "한 가정의 형제에 가깝다"고 웰스는 말한다.[86] 그러므로 포스트모더니즘은 한편으로는 현대성에 대한 기독교의 비판을 돕기도 하지만, "모든 의미에 대한 그들의 적대적인 공격은 현대 세계에서 기독교 신앙의 확실성을 약화시켰다"고 정확히 분석한다.[87] 그래서 웰스는 주로 포스트-모던 상황(postmodernity)도 현대주의와 연관된 것으로 보고서 분석하면서 그 문제를 드러내려고 한다.

세 번째 책인 『윤리 실종』과 특히 네 번째 책인 『위대하신 그리스도』에서는 전반적으로 포스트모던적 정황을 배경으로 논의한다. 그런데 사실 여기서도 계몽주의적 모던과 그가 현대화 과정이라고 말하는 것을 함께 논의하는 일도 자주 발생하고 있다. 그는 자신이 의도적으로 그렇게 한다고 밝히기도 한다.[88] 이 문제에 대한 웰스의 공헌 중의 하나는 소위 사상가들이 말하는 포스트모더니즘과 오늘날의 사회적 분위기가 느슨하게 연관되어 있어서, 실제로 오늘날의 사람들이 포스트모던 사상가들의 영향을 받아서 포스트모더니티가 나타나는 것이 **아니라는 것**을 잘 드러낸 점이다.[89] 그래서 철저한 포스트모더니스트들이 포스트모던화 되는 것이라고 말하는 것을 웰스는 그저 "현대화"라고 표현하는 일이 많이 있다.

  그래서 웰스는 "압도적이고, 강제적이며, 불가피한" 현대화를[90] (1) 한편으로는 "우리 사회가 제조와 상업이라는 목적을 중심으로 도시 주변에 재편성될 것을 요구하는 과정"이라고 말하여 현대화와 **도시화**를 연결시키고,[91] (2) 또 한편으로는 "**그 추진력은 자본이고, 그 연료는 기술의 혁신**"이라고 하여,[92] 현대화와 **자본주의**, 그리고 **기술의 혁신**을 연결시켜 제시한다.[93] 그리고 현대화와 밀접히 연관된 것으로 그가 주목하는 또 하나는 (3) **정보통신기술의 발달에서 기인한 대량 전달**(mass communication)이다.[94] 매스 미디어의 발달과 함께 하는 소위 "mass communication"이 매우 중요한 역할을 하고 있음을 잘 지적한다. 현대화의 이 요소들에 대해서 하나하나 생각해 보기로 하자.

  (1) 현대화는 "**급속한 도시화에 힘입어** 진행 중이다

."[95] 이 새로운 상황에 새로운 점은 도시의 존재가 아니라, "그 도시의 크기와 사회에서의 주도적 지위다"는[96] 말은 매우 적절하다. 그러면서 "현대성의 가치는 주로 도시에서 발생한다"고 말한다.[97]

이런 환경에서는 **공적인 영역과 사적인 영적**에서의 주도적인 가치가 다르고,[98] 사람들은 이 영역의 분리를 통해서 "매일 한 세계에서 다른 세계로 자연스럽게 옮겨 가며 사는 양서류 같은 특성을 가지게" 된다고 한다.[99] 특히 그 **공적인 영역은** 필연적으로 **비인격성과 효율성을** 요구하고,[100] **익명성이 지배하는 세계**라고 한다.[101] 그리고, 누구나 잘 의식하듯이, "익명성이 커질수록 책임감은 줄어든다."[102]

또한 웰스 교수는 현대의 공적인 영역은 "기술 시대의 구조 속에 갇히고 그 틀에 얽매이게 되었다"고 한다.[103] **"기술이 현대화의 혈액"** 같은 역할을 하였다.[104] 그리하여 현대 사회는 **기술 사회**가 되었다는 것이다.[105] 기술의 발달 때문에 이전 시대와는 달리 공간은 큰 의미를 지니지 않게 되었다.106) 그리고 현대에 와서 기술이 발달하고 좋은 유용성을 가졌지만,107) "그와 더불어 불가피하게 자연주의적 태도 및 효율적인 것을 선한 것과 동일시하는 윤리관을 불러오기도 했다"고 한다.108) 웰스는 이미 오래 전에 스펭글러가 이 기계적 환경이 "사상의 형성과 소위 법칙의 도출을 완전히 지배할" 것이라고 예측했었음을 언급하기도 한다.109)

그리고는 아주 정확하게 말하기를, "기술 그 자체가 복음을 공격하는 것은 아니지만 기술사회에서는 복음을 무의미하다고 여기게" 하는 결과를 낸다고 한다.110) "이런 기술은 우리의 관심을 완전히 (세속적인) 미래로 돌려놓았기" 때문이다.111) 이전과는 달리 "과거는 부적절한 것이 되고, 전통은 골칫거리가 된다. 반면 미래는 지속적인 관심사가 된다."112) "미래가 상상과 행동을 위한 주된 관심사가 된다."113) 그래서 "미래는 우리에게 매우 강하게 다가온다." 그 결과, "미래가 오기 전에 미래를 미리 사는" 불안의 수준이 아주 고조되어 있다.114) "미래에 대한 애착은 불안을 고조(高潮)시킬 뿐만 아니라, 피터 버거의 지적대로 '끝없는 분투, 분주함, 심화되는 불면증'을 가져 온다."115)

그리고 이런 사회의 문화적 중심은 이전과 같이 그저 정치 경제적 중심지가 아니라 "사회의 구조를 형성하는 수많은 상호 연결된 거대 체계"라고 한다.116) 여기서 새롭게 주목 받는 곳들은 "지식을 생산해 퍼뜨리는 대학교"와 "우리가 우리 자신을 이해하는 이미지를 만들어 퍼뜨리는 대중 매체(mass media)"이다.117) 이와 같이 이 거대 체계를 "주도

하는 사람들이 권력의 중심을 차지한다."118) 오늘날은 "차츰 대중 매체가 현실을 규제하는 강력한 결정 요인이 되어" 간다.119) 이전 가치를 파괴하고 동시에 새로운 가치를 형성하는 과정에서 "그 역할을 감당하도록 요청받은 사회 세력들이 강력해졌다"는 로버트 벨라의 말을 웰스 교수는 잘 인용하여 제시한다.120)

이와 같이 하여 "현대 생활의 전체 시스템이 사람들을 둘러싸며 … [그 사람들에게] 전적으로 비인격적인 방식으로 현대성의 가치를 주입하고 있다."121) 그런데 "문제는 이 중심이라는 것이 우리의 모든 의식을 끌어 드리고 있지만, 속은 텅 빈 회오리바람과 같다는 것이다"고 지적하는 데서,122) 웰스 교수가 이 현대 대중 사회를 보는 관점이 잘 드러난다. 매스컴의 효과적 작용으로 현대화는 "보편적이면서도 판에 박은 듯한 문화를 창조하고 있다."123) 여기서는 "내용보다는 스타일이 더 중요하다는 인식이 규범처럼 자리 잡고 있다."124) 또한 그 결과로 우리들 대부분은 "이미 세계의 시민이" 되었고, 어느 시골구석에 있다고 해도 동시에 "세계에 몸담고 있다."125)

그와 비슷하게 도덕을 문제 삼지 않고 효과를 발휘하는 것이 바로 "우리의 공상을 현실화한 이야기를 통해 **메시지와 이미지를 연결시키는**" 광고다.126) 공허해진 자아를 채우는 것들을 제공하는 광고는 동시에 심리 치료를 제공하는 광고가 되어 광고와 심리 치료는 아주 잘 연결된다. 오늘날 "자아가 느끼는 공허함이 바로 심리학자와 마케팅 전문가 모두를 부양하는 원동력이다."[127) 그리고 이 문제의 전문가들이 잘 말하듯이, "진보와 영적, 물질적 성취를 말하는 언어"가 광고를 뒤덮고 있고, 광고는 이런 진보와 영적인 성취를 대변하는 목소리가 된다.[128)

이 모든 것으로 인해 사람들은 **늘 새로운 것을 추구하면서** 산다. 그런데 "이것은 우리가 세계를 바라보는 방식, 인생에 대해서 생각하는 방식, 삶에서 가치를 부여하는 대상 등에 심대한 영향을 끼친다."[129) 그리하여 모든 것을 다 선택할 수 있다고 여긴다.[130) 지그문트 바우만의 다음 같은 말은 이런 현대 상황을 매우 잘 묘사한다: "수용하는 일은 물론이거니와 검토할 수 있는 것보다 훨씬 많은 가능성이 존재한다."[131) 우리들은 그 가운데서 선택을 하며 살아야 한다.

그래서 웰스는 이를 선택 중심(pro-choice)의 관점이라고 한다.[132) 그리고 우리가 하는 그 "선택에는 거의 아무런 원칙이 없다."[133) 자신만의 세계 안에서는 "모든 것이 가능하다."[134) 이를 잘 보여 주는 것이 로렌 랑맨이 "네온으로 된 새장"(neon cage)이라고 부른 "소비 행사와 구경거리의 욕구를 만족시키고, 자아의 이미지를 지탱하는 소비의 유토피아"로[135) "세속화된 세계에 등장한 소비자 문화의 상징인 쇼핑몰들(Malls)"이다.[136) 그러나 모든 선택이 다 가능한 것 같이 보여도 결국 "선택의 자유는 … 크게 제한되고", 모든 것이 산산히 부서진다.[137) 여기 우리 시대의 아이러니(irony)가 하나 더 있다. 모든 선택을 제공하는 상황에서 선택이 제한받고, 모든 가능성이 주어진 상황에서 유한성을 가지 깊이 경험하게 된다.

〈현대의 상징인 대 도시의 거대한 쇼핑 몰〉

그 결과 나타난 사회가 **"대중 사회"**다.138) 대중 사회
는 "거대한 비인격적인 현대 문화의 중심지"이다.139) 이런
대중사회 속에서는 "독특함이 결여된 집단 문화, TV 세대의
문화, 아스팔트 문화, 광고와 획일성과 낭비의 문화"라는 진
부한 문화가 자리 잡고,140) 우리들은 이런 진부한 문화에
"매달려 사는 하찮은 일반인"이요, "현대 세계의 노숙자"가
된다.141)

이렇게 "현대화는 우리를 천박하게 만든다."142) 그리
고 우리들을 "공허하게 한다."143) 즉, 엘리오트(T. S. Eliot)
가 말하던 "텅 빈 사람들"(The Hollow Men)이 되게 한
다.144) 그런데 "속이 텅 비어 버린 자아는 남들을 모방한 이

미지로 채워지는 그릇이" 되고, "자기 자신이 되기 위한 자유는 다른 사람의 관점, 패션계, 사회적 동향의 압박에 순식간에 사로잡힌다."145) 결국 "**욕망**이 과거에 존재한 윤리 규범을 대신 한다. 그런데 욕망은 절대로 충족되지 않는다."146)

그래서 결국 이렇게 사람들을 고립시키고 고독하게 하는 이런 대중 사회는 그 안에 있는 "사람들로 하여금 자기의 내면을 들여다보면서 삶의 의미를 찾도록 강요한다."147) 그래서 나름대로 영적인 것을 찾으려고 하는 나름대로 깊은 종교성을 드러낸다.148)

도시화와 기술적 성장으로 인한 이런 대중 사회의 산물 중의 하나가 심리치료(pschotheraphy)의 등장과 성장이다.149) 이는 "고통 받는 사람들을 위해서 제공된 치료법인 동시에 고통당하고 **공허해진 자아의 상징**이다."150) 심리치료는 그 나름대로 이 세상 모든 것을 해석하는 새로운 체계다.151) 단지 이는 "그 안에서 도덕이 죽어 버린 형이상학이다."152)

그리고 다양한 사람들이 모이는 곳인 도시는 결국, "적대 의식을 제거하는 **다원주의**"를 필요로 하고, 그리하여 "도적적이며 종교적 판단을 유보하거나 제거해야 한다"고 생각하게 하며, 결과적으로 "모든 종류의 절대적인 것들에 대한 관심은 **사회적 에티켓이 요구하는 바에 따라** 사라져 버렸다"고 옳게 진단한다.153) 예를 들어서, "실제로 미국인 10명 중 7명은 절대적인 것의 존재를 더 이상 믿지 않는다"고 한다.154) 바로 이런 데서 웰스의 현대성에 대한 논의가 흔히 현대성에 대한 논의와 포스트모던에 대한 논의를 다 합하여 하고 있는 논의라는 것이 잘 드러난다.

그리하여 결국 매우 아이러니컬하게도, 현대 사회 안에서는 모든 종류의 사람들의 공통점으로 제시될 수 있는 것들이 점점 사라져서 결국 **다양한 집단들의 권력 추구**로 급속히 변질하고 있다.155) 왜냐하면, "사적 이익이 유일한 잣대, 모든 것을 통제하는 유일한 가치가 될 때는, 사회적 갈등과 분열을 도무지 피할 수 없기" 때문이다.156) 결과적으로는 그 사회의 문화를 주도하는 집단이 옳다고 여기는 바가 모든 것을 통제하는 사회를 향해 나가고 있다.157) 이런 정황 가운데서 나타나는 것이 **"희생자"를 매우 중시하는 정서**(victim centered affection *or* the ethos of victimization)다. 이 문제를 잘 분석한 찰스 사이크스는 이런 "희생자를 매우 중시하는 정서"(the ethos of victimization)는 "한 개인을 비난에서 벗어나게 하고, 인종차별이나 성차별이나 나쁜 부모 때문이라거나 중독이나 병 때문이라고 무한히 다른 것들로 설명하여 책임을 없는 것처럼 하고, 다른 사람들에게 책임을 전가하는 무한한 능력을 가진다"고 옳게 분석한다.158)

그렇기에 각자의 자기 주장의 갈등을 해결할 수 있는 방법으로 **법과 정부 규제에 호소하는** 것만 남았다. "지금은 인격이 포기한 일을 법이 할 수밖에 없다."159) 그리하여 모든 규제를 비판하고 자유를 강조하는 현대 사회가 오히려 법의 판단에 많이 호소하는 사회가 된다. 오늘날처럼 다양한 형태의 법률이 많은 사회도 없고, 오늘날처럼 다양한 소송이 많은 문화도 없었다. 웰스는 이를 **"법이 지배하는 현대 사회"**라고 지칭한다.[160] 그리하여 오늘날은 "법관들이 가장 중용한 일부터 가장 사소한 일에 이르기까지 생활 전반에 걸쳐서 우리 사회에 관여"한다.[161]

이런 사회에서는, 인격(character)이 "사회적 보호를 의무와 양심의 문제로 이해해서 법의 강제가 없어도 다른 사람들에게까지 그 범위를 확대"하던 과거와는 달리, "권리(rights)가 그런 사회적 보호를 제공"한다.[162] 강조점이 '덕을 갖춘 인격'(character)으로부터 '법이 보호하는 권리'(rights)로 옮겨졌다고 할 수 있다.

웰스가 말하는 현대성의 특성

이와 같은 현대화 과정을 설명하는 데서도 잘 나타나고 있지만, 현대 사회를 특징 짓는 현대성은 기본적으로, (1) 비인격성 또는 비인간화,[163] (2) 효율성(efficiency),[164] (3) 익명성,[165] 그리고 (4) 소위 사회학적 의미의 합리성이다. 나머지는 위의 설명 중에서 의미가 자명하게 드러났으므로, 여기서는 이 현대 기술 사회에서의 합리성이 무엇인가만 언급해 보도록 한다. 이는 "기술 중심의 세계에 상응하는 정신 상태"를 말하는 것으로 "모든 과정은 논리적으로 이해된 체계 안에서 원인과 결과를 가진다는 의미에서 합리적이라고 가정"되는 그런 합리성이다.[166] 이것이 영향을 미치는 이유는 리쳐드 우드나우가 잘 말하고 있는 바와 같이, 기술은 "그 나름의 고유한 문화를 형성하기" 때문이다.[167] "그것은 우리로 하여금 기술과 같은 유형의 합리성으로만 세계를 생각하게 하는 선입견이다."[168]

이는 지식 사회학적인 합리성이라고도 할 수 있다.[169] 웰스는 때로는 그것을 "자연주의"라고 하기도 한다.[170] 이는 결국 "삶의 모든 것을 '이해관계'(a calculus of benefits)에 종속시키는 경향이 있다"고 한다.[171] 좀 더 일반적으로는, 우리들로 하여금 **대중적인 합의**의 테두리 안에서 행동하도록"하는 것이다.[172] 서구 사회와 그를 따라가는 현대 사회 전반에서는 이런 "현대성이 '정상적인 것이 무엇인지'를 결정"한다.[173] 그래서 지식이라는 것도 사회적으로 구성되는 것으로 인식된다.[174]

또한 (5) 현대성은 다양한 사람들의 모든 것을 포용해야 하므로 결국 **"다원주의"**와[175] "포괄적인 **상대주의**를 발생시킨다."[176] "중심을 상실한 문화에는 절충주의만(eclecticism)이" 효과를 발휘한다.[177] 그리하여 현대성은 "그 성격상 절대적이며 초월적인 진리 주장에 대해서는 아예 적대적이다."[178] 미국인들 가운데 "2/3가 도덕적 절대를 믿지 않는다고 말하고, 도덕적 결정은 각자 주어진 상황에서 협상해야 할 사항이라고 한다."[179]

심지어 남성이 되는 것과 여성이 되는 것도 선택할 수 있는 구성의 문제로 생각한다.[180] 이런 문화 속에 있는 "미국인 대다수가 '악'이 존재할 여지가 있는 [사상] 체계를 전혀 가지고 있지 않은 현실이다."181) 그리하여 모든 면에서 "변동성과 일시성"을 경험하는 상황을 보면서 "'견고한 모든 것이 사라진다'는 생각이 요즈음처럼 보편화 된 때는 일찍이 없었다"고 말하는 데이비드 할뷔의 말을 인용한다.182) 따라서 모든 것은 그저 병렬적으로 배치되며, 각각의 것 사이의 그 어떤 내적 연관성도 없다. 이를 잘 표현하는 말이 미국 "MTV 비디오는 이미지일 뿐, 어떤 이야기(narrative)가 아니다"라는 스티븐 코너의 말이다.183)

(6) 그와 연관해서 현대성은 **매우 모험적**이다. 온 세상이 유례없이 "큰 규모로 새로운 가치를 실험하는" 일에 몰두한다. "윤리적 관습이 무너지게 되면서 사회 전체가 실험 정신의 소유자처럼 되었다. 요즈음은 ⋯ 전통적인 사람들이 소수다. 그래서 우리 사회는 실험을 즐기는 일에 전례 없이 몰두한다."184)

그럼에도 불구하고, (7) 거의 모든 일을 혼자 하는 우리들은 "선으로 얽혀 있어도(wired), 과거 어느 때보다 더 외롭고 마음을 털어 놓을 수 있는 대상도 더 적다"고 느낀다.185) "우리는 "갈수록 더 외로워지고 있다."186) 웰스는 "외로움(loneliness)은 현대판 전염병(the modern plague)"이라고 하면서 거의 모든 현대인들이 "단절 되었다는 느낌, 뿌리가 없다는 느낌, 어느 곳에도 소속되지 않았다는 느낌, ⋯ 무관심한 우주에 떠밀려가고 있다는 고뇌"를 가진다고 한다.187) 이렇게 외로워서 미국인의 40%는 다양한 소그룹에 참여한다고 한다. 그 안에서 82%는 그 소그룹으로 인해 외롭지 않다고 느낀다고 한다.[188] 그런데 이런 소그룹은 순전히 "자발적인" 것이므로 "본질적으로 깨지기 쉽고," 심지어 하룻밤 사이에 "증발할 수도 있다."[189]

그리하여 오늘날 사람들은 다양한 방식으로 허무를 느끼고 표현한다.[190] 무의미와 허무함을 깊이 느끼고 표현하여 심연의 어둠과 자살을 연상시키는 20세기 초의 무신론적 실존주의자들에서부터 표면적 모방과 능글맞고 천박한 웃음으로 마쳐지는 미국의 TV 쇼에 이르기까지 삶의 허무함은 다양하게 표현된다.[191] 제임스 에드워즈는 다음같이 말한다.

> 허무주의는 오늘날 세계가 우리에게 다가 오는 길이요, 세계가 자신을 우리에게 알리는 길이요, 우리가 자신에게 주어진 상황에 맞게 처신하는 길이다. 바야흐로 우리 모두는 허무주의자다.[192]

그리고 이런 허무주의에 깊이 빠져 있는 사람들은 진리의 절대적 성취(an absolute achievement of truth)가 주는 위안을 거부한다.[193] 그래서 "이 세상은 무의미한 것으로 간주되고, 인간은 의미에서 분리되어 표류 중이며, 궁극적으로 방향성을 상실한 존재로 간주된다."[194]

이렇게 깊은 절망 속에 있으면서도 우리 문화의 수없이 많은 문제에도 불구하고 우리들은 스스로 문제를 해결할 수 있다고 생각한다.[195] 심지어 "자신이 실제로 미래를 창조할 수 있다고 상상한다."196) 더 나아가서, 오늘날 우리들은 스스로가 "스스로를 초월할 수 있다고 상상하기 시작하기도"한다.197) 자기 초월을 할 수도 있고 심지어 신이 될 수도 있다고 생각하는 것이다.198)

그런데, 이와 함께 (8) 수없이 많은 악들, 특히 **사회 악들이 점증하는 것**도 현대성의 한 특징이라면 특징이다. 웰스는 "많은 사회악은 계몽주의와 함께 등장했다"고 하면서,199) 몇 가지를 언급한다. 예를 들어서, "18세기 초에는 혼전 임신률이 10%였는데, 18세기 말에는 30%로 상승했다"고 한다.200) 그런데 미국 역사에서 성교육 프로그램이 가장 야심차게 시행된 "1960년 이래로 사생아 출산율은 400% 증가했다"고 한다.201) 또한 "1960-1993년 사이에 이혼률이 200% 증가했으며, 60% 미만의 아이만이 생부모와 사는 결과가 발생했다."202) 1973년 연방대법원에서 낙태를 합법화한 판결(Roe vs. Wade) 이후 1993년이나 2007년 까지 약 2,800만 명의 태아가 생명을 잃었을 것이라고 추산하고 있다.203) 1960-1993년 사이에 미국이 인구는 "41% 증가했는데, 범죄율은 560%나 급증했다"고 한다.204) 또한 폭력 범죄에 " 적극적으로 가담한 10-17세 청소년 집단이 범죄를 저지르는 비율이 1960년 이후로 400%까지 치솟았고" "십대 청소년 자살율은 200% 이상 상승했다"고 한다.205) 이와 같이 현대에는 수많은 사회악이 넘쳐 나고 있다. 이것은 후에 논의할 현대 사회의 세속화와 관련될 수 있다.

그리고 이 때문에 앞의 현대 사회를 설명하는 데서 언

급한 (9) **법에 호소하는 일이 많음**을 현대성의 또 하나의 특성으로 언급하지 않을 수 없다. "한때 교회, 가정, 인격, 신념, 심지어 문화적 기대가 인간 본성을 가르치고 제지함으로써 성취한 일들이 이제는 법에 의해 수행될 수밖에 없다."[206] 그리하여 결국은 "불법이 아닌 일은 윤리적으로 무방하다"는 생각에 이르고 만다.[207]

이 모든 것은 (10) **자신이 모든 것의 중심이고, 자신이 모든 것의 판단자라는 생각** 때문에 나타난다. 그 이전부터 그런 방향으로 가고 있었지만,[208] 특히 1960년대 이후에 미국은 이런 사유 방식에 포로가 되었다고 할 수 있다.[209] "대다수 미국인에게 지금은 자아가 모든 가치의 원천이" 되었고, "자아를 추구하는 일이 인생의 전부가 되었다."[210] 미국 사람의 특징이었던 "개인주의가 내향적으로 돌아섰다."[211]

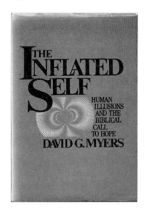

그런데 이런 **"자아 중심성," "자아를 받드는 경향**은 미국에서만 그런 것이 아니라 현대성이 가는 곳마다 남기는 흔적이다."[212] 그래서 와렌 서스먼이라는 학자는 "세계를 현대로 만드는 것 중의 하나는 자아 의식이 발달"이라고 했다.[213] 이것 태도에 의하면, "자아야말로 … 윤리적 의미

가 재구성되어야 할 장소이다."214) 그리하여 "자아와 자의
의 직관력이 삶의 난제를 해석하는 유일한 수단이 되었다
."215) 이렇게 자아에 대한 집중과 과장을 심리학자 데이비
드 마이어스는 "인플레된 자아"라고 표현하기도 했다.216)
왜냐하면 현대인들은 "모든 실재를 자아로 축소하여 자아를
삶의 중심으로 삼았기" 때문이다.217) 이처럼 "문화적 허무
주의는 자신 만의 심리 세계를 창조한다."218) 그런데 이런
자아 중심의 세계에는 중심이 비어 있고 "오직 체험, 축재,
일시적 재미, 개인의 견해, 그리고 개인의 선호만이 있을 뿐
이다."219)

그런데 이렇게 중요한 "자아가 와해되기
(disintegrate) 시작하고," 자신들이 그것을 느낀다.220) 포
스트모던 사상가들은 이렇게 "자아가 비어 가는 현상을 꼼
꼼히 되씹었다."221) 그래서 크리스토퍼 라쉬는 "최소한의
자아(the minimal self)," 로렌 랭맨은 "탈 중심적 자아(a

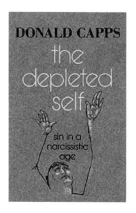

decentered selfhood)," "쇠약
해진 자아(an enfeebled self),"
필립 쿠슈먼은 "텅빈 자아(the
empty self)," 도널드 캡은 "고
갈된 자아"(the depleted self)
를 말하고,222) 일반적으로는
"주체의 죽음"을 말한다.223)

이런 특성들이 나타나는 현
대성은 현대화와 "손과 장갑,"

그리고 "정신과 육체의 관계처럼 서로 연결되어" 있으면서 현대화에 "심리적 표현을 제공해 준다"고 한다.[224] 이 현대성을 아주 새로운 것이기는 하지만, 그런데 그 본질을 생각해 보면 "많은 면에서 성경의 저자들이 세상을 말할 때 염두에 둔 것이 **오늘날 재현된** 것이다"는 말은[225] 매우 통찰력 있고 의미 있는 말이다. 또한 현대의 이런 상황을 보면서 "모든 궁극적 의미에 대해서 생각해야 할 상황을 피하는 길은 자명적인 전략"이라고 지적한 것도[226] 매우 중요한 요점을 말한 것이라고 할 수 있다.

웰스가 말하는 세속화

이 현대화 과정과 동반되는 것이 세속화(secularization)이다. 그 둘은 거의 동의어라고 할 정도다.[227] 세속화는 "더 이상 어떤 초월적인 질서에 뿌리를 내리지 않은 전망과 가치들을 만들어 내고 공인해 주는 과정"라고 제시된다.[228] 이는 세속화에 대한 의미 있는 정의다.[229] 현대 사회는, 종교적 전제를 가졌던 이전 사회들과는 달리, "종교적인 전제가 전혀 깔려 있지 않다."[230] 우리 시대의 문화(civilization)는 "**의도적 자의식을 가지고 종교적 토대 없이 스스로를 만들어 가는 최초의 문화**다."[231] 웰스는 자신이 살고 있는 미국 사회가 그런 전형적 사회라고 한다. "미국의 사회생활은 신적, 초자연적인 질서에 의존해 정당화하거나 방향을 정하

지 않는다."[232) 현대성이 지배하는 세상은 특히 공공 영역

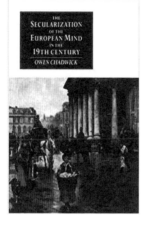

에는 "신이 의미 있는 대상으로 이 세상에 존재한다는 생각을 사실상 불가능하게 한다."[233) 이렇게 "현대성이 가차 없이 하나님을 외곽에 재배치하여 하나님을 무력하고 무관하게 만들어, 결국 눈에 보이지 않게 한다."[234) 그 뿐만 아니라, "세속화는 과거에 찾아 볼 수 있던 윤리적 합의를 초토화시켰다."[235) 그리고 우리들은 "도덕적 존재로서의 자기 인식을 잃어 버렸다."[236)

"세속화는 세속주의 가치를 만들어 내는 현대화 과정의 한 측면이다."[237) 따라서 세속화도 현대화 과정을 설명하면서 그 안에서 다루는 것이 더 나을 것이다. 단지 더 간명한 설명과 강조를 위해 이를 따로 떼어 내어 설명하는 것뿐이다.

세속화는 다원화를 낳는다.[238) 모든 것을 다양한 관점에서 보라고 하며, 다양성을 인정하도록 강요한다. 따라서 세속화는 기독교 신앙에 대한 "개연성의 위기"를 낳는다.[239) 이는 사회가 재구성되면서 기독교가 소수파로 전락하여 주변부를 밀려 나고 있는 것과 밀접히 연관되어, 기독

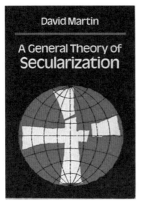

교가 "개연적인지 않을 것"이라는 분위기를 만들어 낸다. 비슷한 요점을 말하는 더글라스 슬로안에게[240] 동의하면서 웰스가 잘 지적하듯이, "지식의 중심이 현대성을 대변하고 지지하는 사람들에게 넘어가게 되자, 기독교 신앙은 설 자리를 잃었다."[241] 다시 말하여, **"세속화로 말미암아 종교적 진리는 공공 영역에서 설 자리를 잃었다."**[242] 왜냐하면 현대 사회의 "사회적 상황이 세속주의에게 개연성을 부여해" 주기 때문이다.[243]

신앙에 대한 이런 전적인 배제가 아니라면 신앙과 종교적인 것을 사적인 영역에만 있게 하라고 요구한다. "삶의 세속화가 요구하는 것은, 하나님이나 신성한 것을 믿는 믿음을 모두 사적인 영역에 가두고 공적인 광장에 나타나지 못하게 하라는 것"이기 때문이다.[244]

웰스가 말하는 세속주의

세속주의는 특히 공적 영역에서 초월적 질서를 배제하는 현대화 과정에서 "우리가 재형성한 사회를 심리적으로 투영한 것이다."245) "현대성은 우리 시대의 세속성(worldliness)이다."246) 그리고 "세속성은 **종교적** 문제다."247) 세속성을 따르는 세속주의는 "진리가 가변적이라고 믿는다."248) 오늘날은 진리가 "너무 사유화되고 상대화되어 종종 각 개인에게 의미하는 맥락에서만 이해되기" 때문이다.249) 오늘날 미국인 중에 "67%가 절대 불변의 윤리가 존재한다고 믿지 않으며, 70%가 절대 진리를 믿지 않는다"고 한다.250) 그러므로 결국은 "진리가 없다"고 한다.251)

5

웰스가 진단하는

현재 복음주의의 문제점들

5. 웰스가 진단하는 현재 복음주의의 문제점들

현대화는 이 세상과 소위 자유주의 교회나[252] 신정통주의[253] 교회에만 영향을 미친 것이 아니라, 그것에 저항한다고 했던 복음주의 운동과 소위 복음주의 교회들에게도 영향을 미쳤다는 것을 웰스는 잘 분석한다. 차이점은 구-자유주의자들은 **의식적으로** 현대성을 수용하는데 비해서, 오늘날의 복음주의자들은 현대성을 "**무의식적으로 수용한다**"는데에 있다.[254] 구-자유주의는 "현대화된 고도의 문화에 적응하려고 했지만, 오늘날의 복음주의는 현대화된, 하위문화(modernized low culture)에 적응하려고" 한다.[255] 방식은 조금 다르지만 오늘날의 복음주의도 "기독교 신앙의 내용들을 문화의 교리(dogma)에 맞추는 작업을 진행시키고 있다."[256] 그리하여 결국 자신들이 전혀 세속적이라고 인정하지 않지만, 사실은 "세속적 복음주의"[257] 또는 "재구성된 복음주의"[258] 또는 "현대성으로 기울어진 복음주의"로 나타난다.[259] 때로 웰스는 이를 "철두철미 실용주의 옷을 입은 복음주의자들"라고 하기도 한다.[260]

근본적으로 오늘날 "다수의 복음주의자들은 교리에 무관심해졌다, 적어도 '교회'를 운영할 때는 확실히 그러하다. "261) 웰스에 의하면, "1991년에는 복음주의 목사의 88%가 효과가 있다는 이유로 새로운 접근에 우호적인 태도를 보였고… 이어서 **압도적인 다수**가 이런저런 방향으로 구도자 지향적인 방향으로 나갔다"고 한다.262)

이런 오늘날의 복음주의는 아주 **소극적으로 말하면**, "신앙의 각 항목은 다 고백되고 있지만, 복음주의적 삶이 무엇인가를 규정해 주었던 중심적인 자리에서 점점 밀려 나서 복음주의적 삶을 규정해 주던 힘을 상실하고 변두리에 자리잡는" 모습을 보이거나,263) **좀 더 심각한 경우에는** 그 믿음의 내용도 의식적으로 절충하거나 완화시킨다.264) 오늘날 이런 시도를 하는 복음주의 신학자들의 작업들에 대해서 웰스는 매우 중요한 평가를 잘 하고 있다.265)

더 나아가서, 어떤 경우에는 복음주의자로 자처하는 사람이 "기독교가 모든 신학을 없애야 하며, 없애는 그 정도만큼 오늘날의 세계에서 사람들을 끌어 모을 수 있다고 주장하기도 한다."266) 이렇게 주장하는 것은 복음주의가 현대성에 완전히 매몰되었음을 잘 보여 준다. 그렇게 되면, 즉 하나님의 진리를 기준으로 삼지 않게 되면, "기독교인은 공인되지 않은 믿음의 삶을 살게 되고, 공인되지 않은 사역을 행하고, 공인되지 않은 복음을 선포하는 위험에 빠진다."267) 왜냐하면 "현대성에는 기독교 교리가 보존될 만한 공간이 거의 없고,""또한 현대성은 신앙고백을 결정적으로 의심하게" 만들기 때문이다.268) 그리하여 매우 아이러니칼하게도 "오늘날 복음주의는 세속성과 함께 퍼져 나간다."269) 그리하여 오늘날의 복음주의 교회는 "용감하지 않고," 오히려 "그리스도께서 나타내라고 부탁하신 윤리적 탁월함을 드러내지 못하는 실정이다."[270]

이전의 1940년대에 시작된 유럽과 미국의 복음주의는 적어도 복음주의 정신(spirit)은 유지하면서 그래도 제대로 된 역할을 감당하려고 노력했었는데, (물론 그 때도 사실 방향성과 광범위한 문화 전략이 결여되고 있었고,[271] 지금 논의하고 있는 오늘날의 복음주의의 문제의 씨앗을 심고 있었다고도[272] 할 수 있지만), 1970년대 중반 이후의 복음주의의 운동은 그 정신(spirit)도 상실하고,[273] 점점 더 이상한 방향을 향해 나가고 있다고 웰스 교수는 정확하고 바르게 분석한다. 그리하여 결국은 "정통신앙의 죽음을 초래"할 수도 있게 한다.[274] 웰스의 신학교 시절 친구였던 오스 기니스는 이를 "악마와 함께 식사하기"라고 표현한 일도 있다.[275]

자신을 "중생한 그리스도인"이라고 말한 지미 카터가 미국의 대통령으로 선출된 1976년, 〈뉴스 위크(News Week)〉가 "복음주의의 해"라고 언급한 그 때로부터 복음주의는 미국 사회에서 "용인받는 종교적 기성 체제의 일부가" 되었지만,[276] 그 과정에서 다른 성격이 나타나기 시작했다. 이 과정에 대해서 웰스는 자신이 지난 몇 년 동안 "복음주의 교회가 충격적인 **신학적 무지 속으로 즐겁게 뛰어드는 모습**을 의심의 눈으로 지켜보았다"고 한다.[277] 그것에 대해서 웰스는 "복음주의가 바리케이트를 낮추고 **세상을 향해 문을**

연" 것이라고 표현한다.[278] 그리하여 이제 복음주의가 과거의 정통성을 대신해서 "마음 내키는 대로 여러 대안 세력들과 임시적 동맹 관계를 형성하고" 있다고 한다.[279] 그리하여 오늘날의 복음주의는 "(로마) 가톨릭, 동방정교회, 페미니즘과 같은 특별한 이해 집단들, 세계교회협의회(WCC)의 경건주의자들, 급진 정치 등과 연합하기 시작했다"고 하면서, 그러면서 복음주의의 "신학적 통일성은 점점 희박해졌으며, 점점 핵심에서 벗어나게 되었다"고 매우 정확한 분석을 하고 있다.[280] 그 한 예로 *Christianity Today*가 "이신칭의 교리를 폐기해 버리면서, 복음주의 신앙을 다시 쓰자는 제안을 실을 줄 누가 알았겠는가?"라는 질문도 한다.[281]

이와 같이 무의식적으로 현대주의의 영향을 받은 오늘날의 새로워진 복음주의는 다음 같은 특성을 드러낸다고 한다. (1) 신앙을 **사적인 경험의 문제**로 제한하여,[282] 결과적으로 (2) 믿음의 초점이 하나님에게서 **자아**에게로 옮겨지고,[283] (3) "현대성이 낳은 치유 중심의 문화가 교회에 침투해 들어오면서"[284] 심리학적인 설교가 행해지고,[285] 심리적으로 경험된 것을 중심으로 찬양하며,[286] 성경적 의미의 죄를 제대로 말하지 않고 다른 것으로 변화시키고,[287] (4) 따라서 **진정한 신앙의 확신이 상실**된다.[288]

그와 동시에 (5) **실용주의적 강조**가 나타나서[289] 교회와 신자들도 "현실적으로 효과가 있는 사상에만 정당성을 부여하려고 한다."[290] 교회에 들어 온 실용주의의 가장 대표적인 예가 (5-1) 도널드 맥가브란의 **교회 성장 운동**이다.[291]

"그의 사상은 매우 실용적이고 결과 중심적이다."292) 제일 문제가 되는 것은 그가 강조한 "동질성의 원리"다.293)

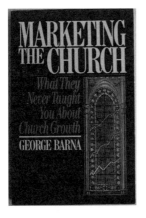

또 다른 예가 (5-2) 죠지 바나의 **교회 마케팅 이론**이다.294) 그는 교회 운영도 일종의 사업이라고 하면서 "모든 영리 활동의 특징이 되는 똑 같은 지혜와 상식으로 경영되어야 한다"고 주장한다.295) 오늘날은 "마케팅이 성공을 거둔다. 성공은 진리가 거의 없어도 얻어질 수 있다."296) 그리하여 "왜 예배도 맞춤형으로 만들 수 없느냐고 소비자와 목사가 이구동성으로 묻고 있다."297) 이것이 오늘날 복음주의 교회의 큰 문제의 하나다.

또한 교회가 (6) 문화에 대해서 명쾌하게 생각하지 못하는 무능한 사고력이 드러나고,298) (7) 공적 발언을 더 많이 하나 사실은 (그 내용이 이 세상이 말하는 것과 거의 비슷해서) "점점 더 공적인 영역에서 물러나서,"299) 사회 속에 실질적인 영향력을 거의 드러내지 못하는 아이러니가 나타나고,300) (8) 그 신앙의 비합리성 가운데서 신학이 실종하는 현상이 일어났다.301) 웰스가 말하는 신학의 실종은, 그가 잘 들고 있는 비유와 같이, 신학이 유괴되어 없어진 것과 같은 것이 아니라, 있기는 하지만 "가족 안에서 차지하는 자

리가 전혀 없는" 상태를 지칭하는 것이다.302)

이에 따라서 (9) 복음주의 지도자들이 "대체로 관리자나 경영자의 양상을 보였다."303) 그리고 (10) 결과적으로 "우리의 예배가 하나님의 거룩하심에서 떠나 그저 단순한 즐김(entertainment)이 되어 버렸다."304) "오락과 예배가 서로 혼합되어 있을 뿐만 아니라 때로 분간할 수 없는 곳이 바로 복음주의 진영이다."305) 그래서 많은 교회 공동체에 "희극배우나 연예인과 비슷한 목회자가 그 모습을 드러내기 시작했다."306) 그 결과 예배 가운데 하나님의 임재를 전혀 느끼지 못하는 사라들이 80%에 이르게 되었다.307) 한마디로 표현한다면, "예배를 들여다보면 '교회다운' 모습이 전혀 보이지 않는다."308) 그것도 매우 의도적으로 그리하고 있다. "불신자로 하여금 자기가 예배당에 들어갔다고 생각하게 할 만한 것이 하나도 없다."309)

이 모든 문제들은 결국 이런 교회가 전하는 "복음이 제자도와 분리된" 데서 발생하는 것이라고 하지 않을 수 없다.310) 가시적인 교회에서는 제자도가 점점 사라져 버린 것이다. 이것이 가장 뚜렷하게 나타나는 곳이 소위 '전자 교회'(the electronic church)라고 한다.311) 결과적으로 "교회 없는 기독교"가 나타나기도 했다.312) 있을 수 없는 일이 발생한 것이다. 그리고 "엄청난 수의 복음주의자들이 이런 길을 걷고 있는 **유일한 이유는 성경의 충족성에 대한 믿음을 상실했기 때문**이다."313)

이와 같은 방식으로 **1970년대 이후**로 대부분의 경우에는 의도하지 않게 그리고 또 어떤 집단에 의해서는 의도적으로도 "복음주의가 재구성되고" 있었다.[314] 20세기 내내 교리를 강조하는 것 같던 복음주의의 정체성이 "지금 급격하게 소멸하고 있다."[315] 기본적으로 오늘날의 복음주의자들은 "신앙고백을 흘어 버렸다."[316] "그들이 항상 깎아 내렸던 자유주의자 못지않게 복음주의자는 이제 삶을 우선시하면서 교리를 내던져 버렸다."[317] 그 결과 이제는 "어떤 사람이 복음주의자라고 말한다고 해도, 그 사람이 무엇을 믿는지가 명확하지 않다."[318] 2007년도 바나 조사 연구에 의하면, 미국 인구의 38%의 사람들은 자신들이 중생한 그리스도인이라고 주장하지만, **실제로는 전체 인구의 7%만이** 진정으로 복음주의적 신앙의 모든 것을 믿는 것으로 나타났다고 한다.[319] 2006년 말에 행한 조사에 의하면 예배에 정규적으로 출석하는 신자들 가운데 15%만이 하나님과의 관계가 자신의 최고 우선순위라고 답했다고 한다.[320]

이제는 너무나 다양한 것이 수용되어지고, 복음주의는 "단체 간의 친목회에 불과한 것으로 변질되었다."[321] 웰스는 이렇게 묻는다: "적어도 미국의 복음주의는 계시된 신앙(a revealed faith)으로서 본연의 모습에 충실하지 않을 때가 많다는 것을 누가 부인하겠는가?"[322] 왜 그렇게 되었을까? "성공해야겠다는 강박에 사로잡힌 많은 교회가 기독교를 성공적으로 마케팅하려고 그것을 가볍고 쉽게 만들었기 때문이다."[323] 다시 말하여, "하나님에 대해서 아주 진지하지 않기 때문이다."[324]

그리하여 오늘날 복음주의는 "신학의 핵심을 제거하여" "(오늘날의) 복음주의자들은 더 이상 스스로를 역사적 개신교도로 부를 수 없을 정도에까지 이르게 되었다."325) 그 적나라(赤裸裸)한 모습을 웰스는 다음과 같이 묘사한다.

> 교리적인 실제 내용을 박탈하고,
>
> 문화에 대한 무비판과 무성찰로 일관하면서,
>
> **신학은 이제 '덕'(virtue)을 기술과 풍요의 세계에서의 일상적인 성공 기술로 변모시키고 있다.**326)

복음주의가 이와 같이 1970년대 이후로 미국 안에서 무해한 하나의 시민 종교(civil religion)가 된 것이다. "시민 종교는 하나님의 진리를 향한 열정에 이끌리는 것이 아니라, 시대가 요구하는 정책에 따라 좌우되는 탓에, 아무런 강점이 없다."327) "시민 종교는 언제나 공손함의 종교"이기 때문이다.328) 이렇게 복음주의가 "신학이 아닌 문화에서 그 힘을 이끌어 내는 평범한 종교단체"가 되었다.329) 그리하여 복음주의자들도 "자신들이 살고 있는 현대의 관습에 그저 흡수되어 버렸다."330) 한마디로, **"엄위하고 거룩하신 하나님이 … 현대 복음주의 세계에서 상실되었다"**는 것이 근본적 문제다.331)

그런데 그에 따라 오는 또 하나의 문제는 이렇게 "현대성이라는 놀이터에서 즐거워하는 야영객들은 거기가 위험지대라는 사실을 눈치 채지 못하고 태평하다"는 것이다.332)

그것이 오늘날 복음주의의 적나라한 모습이다. 웰스는 이를 다음 같은 말로 매우 적확하게 지적한다: "오늘날 교회를 휩쓰는 최신 유행은 실제로 어제의 불신앙이다."333) 이러한 오늘날 복음주의 교회의 안타까운 측면을 다음 같이 묘사하기도 한다.

> 우리 문화가 천박해지고 시시해지고 저속해지는 현상은 우리에게 닥친 끔찍한 우상 숭배요, 즉각적 심판이다. 그런데 복음주의 교회는 … 이런 공허함과 무익함에 도전하기는커녕, 자신의 제품을 소비자에게 판매하고, 마치 **진지한 신앙**을 추구하는 노력이 매우 중대한 실패, 곧 어떤 희생을 감수하고서라도 피해야 할 실패인 것처럼 모든 **영적인 엄숙함**의 자취를 스스로 제거함으로써, 오히려 그런 공허함과 무익함의 본보기가 되는 경우가 비일비재하다.334)

이런 복음주의를 "마케팅주의자들"(marketers)335) 또는 "시장 중심적이고 구도자 지향적인 복음주의자들"이라고 한다.336) 그들에 의해서 지난 30년 동안 "전통적인 교회는 세월의 흐름과 혁신적 변화를 따라 잡지 못해 쓸모없게 된 상품과 같다는 여론이 조성되었다."337)

그리고 근자에 나타난 것이 이멀전트(emergent) 그룹의 사람들이라고 한다. 이멀전트 그룹은 자신들을 "보수주의를 지나간 사람들"(postconservative)이라고 생각하면서,338) 해체에 관심을 두면서 자신들이 포스트모던적이라고 한다.339) 따라서 그들은 권력과 권력 구조에 대한 회의

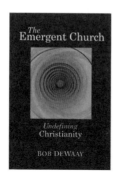

를 표명하면서, 심지어 설득하려 하지도 그저 서로 이야기만 나눈다고 한다.340) 그러나 고전적 복음주의는 너무 현대주의적(modern)이라고 여기면서 그들의 생각은 "자만하고(pretentious), 거짓되고(fraudulent), 교만한(arrogant)" 것이라 판단한다.341)

이런 이멀전트 그룹은 윌로우 클릭(Willow Creek)류의 마케팅 교회 운동에 대해서는 그런 교회 안에서는 "인격적 관계의 상실, 공허감, 소비주의적 현대주의에 대한 굴복"을 목격할 수 있다고 비판한다. 이런 곳은 "깊이도 없고, 신비도 없는 얄팍한 기독교"만 있을 뿐이라고 한다.342) 그리하여 소위 X세대와 밀레니엄 세대에 초점을 맞추어 기독교를 제시하는데,343) 성경의 권위에 대해서, 후기 자유주의자인 죠오지 린드벡(George Lindbeck) 등과 연관되는 상당히 새로운 이해를 가지고 있다. 그래서 이멀전트 그룹은 동방 정교회나 천주교회 등 다른 전통들에 대해서 개방적이다.344) 그리고 웰스가 판단하기로는 "진리의 상실을 상쇄하기 위해서 갈수록 더 모험적인 예배를 실시하고 또 신비감을 되찾으려는 시도들을 하는 것 같다"고 한다.345) 그러나 그것은 착각이고 "진리의 상실을 상쇄해 줄만한 것은 없다"고 웰스는 단언한다.346)

웰스는 이 구도자 중심의 교회와 이멀전트 운동이 일

어난 것이 "개신교의 핵심적인 믿음이 서서히 와해되면서 이런 새로운 실험이 등장한" 것이라고 한다.347) 웰스가 잘 지적하듯이, "이런 것이 사업계에서는 효과가 있을지 모르나, 교회 세계에 적용하는 것은 재난을 자초하는 것이다."348) 왜냐하면 이런 식으로 복음을 "희석시키고, 쉽게 바꾸고, 그 날카로운 모서리를 둔하게 한다면… 아무것도 얻을 것이 없음"은 물론이거니와 "갈수록 허약해지고, 결국에는 교회를 팔아먹게" 될 것이기 때문이다.349)

그 결과는 무엇인가? 웰스는 마케팅적인 접근을 취하는 교회들마다 "어디서나 신학과 성경 지식이 과소평가되고, 따라서 헌신은 간데없고, 무지가 판치는 현상"을 드러낸다고 한다.350) 특히 "성경이 가르치는 죄와 성육신과 구속에 대한 교리들"(the biblical doctrines of sin, of the incarnation, and of redemption)이 파괴된다.351) 2005년 연구에 의하면 복음주의자라고 하는 사람들 중에 기독교 세계관을 가진 분들은 오직 9%라고 하고, 2006년의 바나 조사 연구에 의하면 복음주의자라고 하는 사람들 중에 중요한 결정을 내릴 때 믿음을 가장 크게 고려하는 경우는 51% 밖에 되지 않는다고 한다.352) 그리고 결국 이런 방식으로 나아가는 교회는 예배가 완전히 실패하였다. 예를 들어서, 예배 중에 하나님 임재를 전혀 경험하지 못했다고 하는 분들이 80%에 이른다고 한다.353)

그리하여 결국 "가장 중요한 성경적 신앙을 빼버린 텅 빈 기독교로 전락"하고 있는 중이다.354) 사실 그들은 "기

독교 신앙을 깨뜨리고 있다."355) 이렇게 된 이유는 "잘못된 계산을 토대로 건물을 세우고" 있기 때문이다.356) 웰스가 루이스에게서 잘 인용하는 바와 같이, 이것은 "이미 거세된 상태에서 많은 열매를 기대하는 꼴이다."357) 그래서 웰스는 "오늘날 복음주의 교회가 빠져 있는 공황 상태보다 더 우스꽝스러운 것은 없다"고 말하기도 한다.358)

사실 오늘날의 복음주의 분석과 이 분석에 근거한 다음 논의가 웰스 자신의 가장 독특하며, 큰 기여라고 할만하다. 왜냐하면 현대성이 신학과 교회에 미치는 영향에 대해서 논의한 사람들은 많이 있었지만,359) 그것이 복음주의에 미친 영향을 이렇게 날카롭게 분석한 사람은 드물고, 그에 대한 해결책으로 우리가 다음에 살펴 볼 개신교 정통주의자들을 본받아 이 시대에 그들이 행한 것과 같은 일을 하지고 제시하는 사람은 더 드물기 때문이다.360)

그런 점에서 웰스 교수는, 자신의 용감할 것을 요청하는 책과 같이,361) 매우 용감하다. 첫째는 이런 문제 제기를 하면 다른 사람들에 의해서 "함께 어울릴 수 없는 사람, 사소한 것에 대해 비판적으로 시비를 거는 사람, integrity가 없는 사람, 그리고 현실성이 없는 사람으로 쉽게 치부된다"는 것을 잘 알면서도 "양심상" 이 문제를 제기하지 않을 수 없다는 이유에서362) 이 작업을 해낸 것에서 용감하고, 더구나 그가 제시한 해결안 제시에서 가장 용감하다. 그는 현대 복음주의의 근본적 문제가 "역사적 개신교 정통주의와의 연결점들을 많이 놓치고 있을 정도로 변화"한 것이라고

한다.363)

　　"현대 문화에 의해 수탈당한" 오늘날의 복음주의는 "한 때 이 개신교 정통성의 특징을 이루었던 그 진리의 모든 것을 믿을 수 없게" 되었다.364) 그런 복음주의는 사실 **고전적 복음주의자들이 지은 "집 밖에 있는"** 것이라고 웰스는 단언한다.365) 그래서 이를 극복하기 위해서는, 우리가 다음 문맥에서 강조하려고 하는 대로, 개신교 정통주의(historic Protestantism)를366) 회복해야 한다는 것이다. 그것이 성경이 가는 방향을 따라 가는 것이기에, 우리도 이것이 참으로 유일한 해결책이라고 하지 않을 수 없다.

6

웰스가 제시하는

복음주의 개혁의 방향

6. 웰스가 제시하는 복음주의 개혁의 방향

그리하여 이렇게 복음주의도 허물어진 상황에서[367] "성경이 우리에게 계시하는 대로 복음을 회복하는 일,"[368] 다른 말로 "복음주의 신앙의 회복"[369] 또는 "복음주의의 개혁"을[370] 꿈꾸는 웰스는 "현대성의 도전에 맞서 교회를 지킬 수 있는 가장 확실한 방어책은 하나님"이라고 하고,[371] 따라서 "교회가 가장 필요로 하는 대상은 바로 하나님"이시라고 한다.[372]

현대성이 만들어낸 황무지에서 성경이 말하는 "위에 계신 하나님," 즉 초월적인 하나님, "거룩하신 하나님," 즉 우리와는 구별되시고 이방신들과도 구별되시는 하나님,[373] 그리고 "진리이신 하나님"과 그 하나님께서 주신 권위 있는 하나님의 말씀을 말하는 것이 필요하다고 한다.[374]

이 모두를 요약하면서 웰스는 "거룩하신 하나님은 진리를 주시는 분으로, 신자들이 세상 문화에 저항할 수 있게 하신다."고 선언한다.[375] 왜냐하면 "현대성에 대한 중독은 오직 '진리인 하나님의 말씀에서 비롯되고, 적절한 정의감에서 우러난, 강직하고 열정적인 사고방식'으로만 물리칠 수" 있기 때문이다.[376] "초월적 말씀이 없이는 … 교회가 문화의 한계를 극복할 수도 없고, 현대성의 유혹에서 스스로를 떼어 내어 자유롭게 할 수도 없다."377) 그러나 "현대성을 명백히 던져 버리고 다시 한번 진리와 은혜 가운데 계신 하나님의 임재에 그 자리를 양보할 때, 우리는 비로소 복음주의가 개혁되고 있음을 알게 될 것이다."378)

그러므로 결국 가장 제대로 된 신학은 "하나님의 말씀으로부터 양육받고 훈련받는다"고 하며, "신학의 목적은… 우선적으로 하나님의 백성을 양육하는 데 있다"고 웰스는 정확히 말한다.379) 웰스에 의하면, 신학은 "하나님의 백성을 위해, 하나님 백성에게 주어진, 하나님에 대한 지식"이다.380) 신학하는 방법도 이와 일치하게 "믿음으로 말미암고," 계속해서 믿음으로 하는 것이니, "오직 믿음으로 말미암아서만 이 지식이 유지될 수 있다"고 한다.381) 그런 신학을 웰스는 "진리로 말미암아 열정으로 추구되는 신학"이라고 말하기도 한다.382) 그는 이를 "과거의 복음주의에 훨씬 가까운 복음주의"라고 한다.383)

웰스가 여러 곳에서 상당히 높이 사는 교회사의 시점과 일들은 (1) 1세기 신약 성도들(early Christianity),384) (2) 종교개혁 시기,385) (3) 청교도들의 시기,386) (4) 18세기 대각성 운동 때와387) 18세기 영국 교회와 사회,388) 그리고 (5) 20세기 초의 복음주의 지도자들의389) 강조가 있는 때이다.

웰스는 "어그러지고 거스르는 세대에 살던 1세기 신자들"이 그 시대에 그리하였던 것처럼 어떻게 하면 지금 여기에 있는 우리들이 "생명의 말씀을 굳게 잡고 세상에서 빛으로 환히 빛날 수 있는 길(빌 2:15-16)은 무엇일까?"를 진지하게 묻는다.[390] 종교개혁 시기에 교회가 하나님의 말씀에 근거해서 철저히 개혁된 것과 같은 일이 우리에게 있기를 바라며,[391] "노예제가 폐지되고 야만성에서 돌아선 18세기 영국에서와 같이 오늘날 복음주의 신앙이 다시 한 번 진지함을 되찾고 성경 진리와 윤리적인 힘을 소유하기를"[392] 그리하여 우리들이 사는 사회에 기여하기를 바라면서 자신의 신학적 작업을 한다.

과거에 신학에는 (1) "교회가 믿는 내용"인 **신앙고백**적[393] 요소가 있었고, (2) 이 신앙고백에 대한 **성찰**이 있었으며, (2) 그에 근거한 **덕**의 개발이라는 세 가지 필수적 측면을 담고 있었고, 그 때는 교회에서나 학문 영역에서나 일반적으로 이런 의미로 신학이라는 용어를 사용하였었다고 한다.[394] 영감된 하나님의 말씀을 통해서 하나님께서 교회에 준 진리를 고백하는 개신교 종교개혁에 뿌리를 둔 교회들이 그렇게 하였었듯이, 이 시대에도 그와 같은 신학(historic Protestantism)이 필요하다고 한다.[395]

어떤 의미에서 이것은 역사적으로 죽은 신학을 다시 살리는 작업이다. 이 세상이 볼 때는 이것이 "교회의 파산을 확인하는 것이나 다름이 없어 보일 것"임을 웰스는 잘 알고 있다.[396] 그러나 "교회가 진실할 때, 그리고 교회가 하나님의 소유로서 그 본질을 간직할 때, 문화적으로 부적절해 보이는 교회의 모습은 참으로 진정한 장점이 된다"는 말은 정확한 말이다.[397] 한마디로, 교회는 현대성(modernity)이나 탈현대성(postmodernity)에 "결코 동참해서는 안 된다."398) "포스트모더니즘 세계는 이미 그 죄로 말미암아 패배한" 세계이기 때문이다.399) 그러므로 그에 참여해서 극복한다는 생각도 하지 말아야 한다.

그러므로 바른 신학은 "현대성이 교회에 대해서 규정하고 있는 지평에 교회의 생각을 맞추어서는 안 되며, 오히려 현대성의 지평에 대해 하나님의 진리라는 강력한 해독제, 즉 교정수단을 갖다 주어야 한다."400) 이 맥락에서 웰스는 "비신화해야 하는 것은 하나님의 말씀이 아니라 바로 현대성이다"는 강력한 말을 한다.401) 그러므로 이전에 신자가 된다는 것이 "사도들이 가르친 것을 믿는 것"을 의미했듯이,402) 오늘날도 "사도들이 가르쳤으며, 교회에 전달한 진리,"403) 즉 사도적 가르침에 충실한 신학이 필요하다. 그것이 "하나님의 방식으로 하나님의 일을 기꺼이 하는 것이다."404) 그러므로 무엇보다 먼저 사도적 교리가 계승되어야 한다.405) 이 토대가 없이는 기독교를 믿는다고 할 수 없다.406)

이런 사도적 가르침을 따라서 생각하는 "하나님의 성품과 목적"에 대한 이해, "하나님께서 우리에게 성경으로 주신 계시의 진리," "가장 중요한 그리스도의 탄생과 죽음과 부활의 중요성," 그리고 "인간의 본성은 창조된 때나 타락한 때나 여전히 변하지 않았다"고 해야 한다.407) 따라서 "모든 장소의 모든 사람에게 적용될 수 있고, 모든 시대마다 똑같은 방식으로 믿어야 하는 복음은 오직 하나 뿐이다."408) 복음의 절대성과 배타성과 유일성이 강조되어야 한다. 그런데 이런 바른 가르침에로 돌이키기 위해서는 오직 하나님의 은혜가 필요하다. "오직 은혜 가운데서 하나님께서 뚫고 들어오셔야만. 하나님의 진리가 온전하게 충만히 회복되어야만" 가능하다.[409]

그렇게 되면 개혁된 복음주의 교회는 성경이 말하는 죄를 분명히 말하고 지적하며, 이 죄 문제를 해결한 복음을 온전히 바르게 전할 수 있을 것이라고 한다. 죄를 제대로 말하지 않고 바른 복음을 전할 수는 없기 때문이다.[410] 현대인들이 그렇게 강조하는 자아가 예레미야 17:9이 말하듯이 "악의 본거지요,"[411] 심판의 대상이라는 것을 인정해야 십자가 아래 서는 것이다.[412] 소비자 중심이 태도로부터 전통적인 신학적 가르침에로 회복하지 않으면 "복음주의 교회는 현대세계에서 급속히 적절성을 상실할 것이다"는 웰스의 말을[413] 주의 깊게 들어야 한다.

그러므로 우리의 죽음을 강조하던 루터처럼 "우리도 죽어야 하고… 우리의 계획과 프로그램과 책략이 하나님의 은혜를 조종할 수 있다는 믿음도 포기 하지 않으면 안 된다."[414] 현대 세계에 적절하기 위해(relevant) 현대성과 손잡으면 오히려 적절성(relevancy)을 상실하게 된다는 이 말을 유의미하게 들어야 한다. 이제 복음주의 교회는 자아를 믿는 믿음에서 참으로 하나님을 믿는 믿음으로, 하나님을 향한 적대심에서 부패한 세상에 대한 적대심으로 바꾸어야 한다는 이 도전을[415] 심각하게 들어야 한다. 이렇게 말하는 웰스 교수의 의도는 다음 같은 말에 잘 요약되어 있다고 할 수 있다.

교회가 복음의 진리에 대한 확신이 지나치게 부족한 나머지 복음에 대한 흥미를 높이기 위해 현대성의 옷으로 꾸미는 상황에서, 과연 포스트모던 세계가 복음을 믿어야 할 까닭이 있을까? 그것은 자멸적인 전략이다. 교회에 필요한 것은 이런 전략을 더 많이 같은 것이 아니라, 하나님의 말씀이 이 시대를 위해 충분하다는 더 큰 믿음과 확신이요. 하나님의 말씀을 적용하시는 성령의 권능에 대한 더 큰 확신이요. 하나님의 말씀을 선포할 때 우리가 지녀야 할 더 큰 정직함이다.[416)

그리고 그렇게 하나님의 진리를 선포할 때에는 "문화와의 대결이 불가피하게 존재하다. 더 정확히 말해, 거기에는 성경 말씀 안에서, 그리고 그 말씀을 통해서 제시되는 예수님과 인간 마음의 반항 간의 대결이 존재한다"고 웰스 교수는 말한다.[417) 이 말을 들으면서 1930–70년대에 이와 비슷한 말을 하던 코넬리우스 밴틸의 말이 생각난다고 할 때 웰스 교수님은 미소지으면서 기뻐하실 것이다. 이전에 대표적인 복음주의자의 한 사람으로 자신이 언급한 밴틸의 역할을 20세기 말과 21세기 초의 상황에서 하려고 하는 것이 웰스 교수님의 의도이기 때문이다. 웰스가 "교회에 가장 중요한 사안은… **하나님을 따라 하나님의 생각대로 생각하는** 법을 배우는 일이다."고 말할 때,[418) 밴틸의 글을 많이 읽은 사람들은 당연히 웰스가 밴틸의 말을 반복하고 있음을 잘 알아차리게 될 것이다.

7

결론:

우리는 어떻게 할 것인가?

7. 결론: 우리는 어떻게 할 것인가?

이 모든 것을 살핀 우리들도 웰스 교수처럼 "초월자이신 하나님을 주권자로, 하나님의 말씀을 절대적인 것으로 확신하는" 길로 나아가야 한다.[419)

첫째는, 문제는 늘 우리에게 있음을 절감하면서, 우리가 하나님을 상실했다는 것을 인정하고,[420) 우리가 하나님 면전에 있음을 의식해야 한다. 이것이 1권 마지막 부분에서 간단히 언급하고 2권에서 제시하는 "거룩하신 하나님 회복하기"이다.[421) 우리는 "밖에 계신 하나님을 다시 찾을 필요가 있다."[422) 웰스는 "하나님의 거룩하심이 기독교 신앙의 초석"이라고 하며, "실재의 바탕"이라고 한다.[423) 이 하나님은 "우리가 그리스도를 통해 다시 찾은 중심"이시다.[424)

그러므로 우리들은 "하나님을 교회의 존재, 사유 행위, 활동의 기반으로 삼아야" 한다.[425) 그는 "하나님을 교회의 중심이요 영광, 원천이요, 생명으로 모신다는 것은 실로 해방감을 주는 경험"이라고 한다.[426) 이 삼위일체 하나님은 "영원히 참되고 옳은 것의 척도가 되시는 분이신데, 이 척도는 우리 마음에 객관적인 것이다."[427) 아주 당연한 말이지만, "하나님은 포스트모던 생활 방식에 영향을 받지 않으신다."428)

둘째로, **하나님의 객관적 진리가 바로 인정**되어야 한
다. "만민에게 해당되는 진리의 선포"가429) 가능하고 중요
하다. 성경에 대한 웰스의 다음 말을 들어 보라.

> 성경은 실로 하나님의 초자연적인 손길이 인간 저자들 속에 작
> 동한 결과인 만큼, 우리가 지금 각고 있는 것은 한마디로 진리
> 다… 이는 하나님이 교회에 가르치고 싶은 모든 것을 담고 있
> 는 **충만하고 완전한 계시**다. 이 **기록된 계시**는 교회가 이 타락
> 한 세계에서 살아가는 데 **부족함이 없는 충분한 진리**다.430)

이렇게 말할 수 있는 것은 "성경은 스스로에 대해서, 이 땅의
다른 어떤 것과도 다른 하나님의 자기계시라고 말하기" 때
문이다.431) 웰스에 의하면, "성경이 말하는 것이 곧 하나님
이 말씀하시는 내용이다…. 그리고 하나님이 말씀하시는 것
은 사물의 실상을 정확히 반영하고 있다. 거기에는 하나님의
성품과 계획과 의도, 이 세계, 인간의 마음, 인간의 장래 등
이 모두 포함된다."432) 그러므로 "성령의 영감으로 성경을
통해서 우리에게 주어진 것은 무엇이든지 구속력이 있고, 권
위를 가진다."433) 그렇기에 모든 상황 속에서 **"의제는
(agenda) 하나님의 말씀으로부터 온다"**는 것을 분명히 해야
한다.434)

그런데 현대인들과 현대주의적 복음주의는 하나님의 진
리를 자주 상실하고 있다.435) 예나 지금이나 "교회의 실천

이 성경의 권위를 믿는다는 고백을 거짓으로 만들고 있다.[436] 특히 오늘날은 성경의 진리보다는 영적인 체험을 추구한다. 그러나 "우리의 삶은 우리가 추구하는 영적인 체험 때문이 아니라, 하나님이 하나님 말씀의 진리로 우리에게 은혜를 주실 때 풍성해지는 법이다."[437] 그러므로 현대주의의 주장에 반해서, 우리들은 "선지자들과 사도들은 하나님의 계시가 진리라는 것을 확신했으며, 이 계시의 전달자이며 후원자였다. 하나님의 계시는 절대적 의미에서 진리였다… 단지 그들에게만이 아니라… 보편적으로, 절대적으로, 지속적으로 진리였다."고 할 뿐만 아니라,[438] 우리도 그렇게 주장해야 한다. 우리 모두도 "동일한 표준 곧 하나님의 말씀 앞에서 책임을 져야 한다."[439]

기독교적 전제는 "객관적이며 공적인 진리, 또한 궁극적 실재를 반영하는 진리"가 있다고 믿는 것이다.[440] 이는 "성경 말씀은 성령의 권능 아래서 자증적(self-authenticating)"이라고 믿는 것이다.[441] 성경은 "영원토록 불변하는 진리를 담은, 모든 시대에 적실한 하나님의 말씀이다."[442] 그리고 그 진리는 "객관적이고", 또한 "공적"이라는 뜻이다.[443] 이를 위해선 가르치는 직분이 회복되어야 하고, 성경적 설교가 뿌리를 내려야 한다. 그러면 "하나님의 진리를 알고자 하며 실천하고자 하는 요구도 피어나기 시작할 것"이라고 웰스는 말한다. 그리고 "그것이 바로 신학이 자라 날 수 있는 유일한 토양"이라고 한다.[444]

그렇게 한다면 노골적으로 실용주의적 방식으로 운

용되는 소위 대형 교회가 교계에서 차지하는 비중과 언론에서 받는 관심이[445] 상당히 달라져야 할 것이다. 그런 것보다는 오히려 진리 자체에 대한 관심이 우리를 주관해야 한다. 그리하여 결국 우리들이 "성경을 따르는 신실한 기독교인의 삶, 교리로 세워진 교회, 윤리적으로 타협하지 않는 교회, 지적으로 활력이 넘치는 교회, 환경의 제약에도 불구하고 하나님의 약속을 붙잡고 하나님의 위대한 권능이 일하심을 볼 수 있다는 믿음으로 움직이는 교회"가 되어야 한다.[446] 그것을 참된 교회(authentic church)리고 말한다. 본래 교회는 "하나님 나라의 전초 기지요(an outpost of the kingdom), 지금은 감춰어져 있지만 장차 환하게 드러날 그리스도의 주권적 통치를 가리키는 표지(a sign)"이기 때문이다.[447] **교회가 가장 큰 영향을 미친 때는 교회가 "참되려고 노력한 때"였다**는 제임스 슈튜어트의 말에 동의하면서 웰스는 다음 같이 말한다.

> 교회의 회개가 영혼 깊은 곳까지 미칠 때, 알려진 자신의 연약함 속에서 교회가 진심으로 하나님께 부르짖을 때, 교회가 하나님의 진리와 방식에 따라 살려고 힘쓸 때, 교회가 세상에 하나님의 지리를 선포하려고 노력할 때, 교회가 그 진리를 소유하는 대가를 기꺼이 지불하려고 할 때, 교회가 자발적으로 그 진리에 따라 살 것을 요구했을 때, 교회가 그 무엇보다도 영광 중에 계신 은혜의 하나님을 찾으려고 했을 때, 교회는 가장 큰 영향력을 가졌다.[448]

이럴 때 "교회는 교회로 존재했다." 그러나 그렇게 하지 않으면 "문화를 변화시키기보다 모방하는 데 훨씬 능숙한 영성을" 드러낼 뿐이고, "교회가 더 이상 교회가 아니다."449) 그러므로 오늘날 "교회에 필요한 것은 더 많은 마케팅이나 더 효과적인 마케팅이 아니라, **더 영적이게 되는 것**이다."450) 교회는 "우리가 만든 창조물이나⋯ 우리가 운영하는 사업체가 아니기" 때문이다.451)

그러므로 결국 데이비드 웰스는 우리를 다음 같은 선택 앞에 세우는 것이다. 정통파 개신교의 가르침(Classical Protestantism)에 충실한 정통파 기독교냐, 아니면 현대성에 사로잡힌 가짜 기독교냐? 이 "이것이냐, 저것이냐"에 바르게 반응하는 우리가 되어야 웰스의 문화적 변증을 제대로 배운 것이 될 것이다. 그리고 우리도 이 상황 속에서 이런 문화적 변증을 제대로 감당할 수 있어야 할 것이다. 그리하는 사람들은 이 세상의 모든 사람들로부터 "진실한 사람들, 즉 오직 진리로만 사는 사람들"이라는 생각을 하게 하는 사람들이다.452) 우리가 웰스 교수의 이 도전을 제대로 받고 그에 대해서 바르게 반응하는 사람들이 되기를 바란다.

1) 이는 미국과 우리나라의 M. Div.(목회학 석사)에 해당하는 과정의 학위이다. 예전에는 미국에서도 신학사(B.D.)라고 하였는데, 미국에서 다른 학문과의 보조를 생각하면서 M. Div. 라고 명칭을 바꾸었다.

2) Os Guinness, "Towards a Reappraisal of Christian Apologetics: Peter L. Berger's Sociology of Knowledge as the Sociological Prolegomenon to Christian Apologetics," D. Phil. thesis, University of Oxford, 1981.

3) David F. Wells, "Decretum Dei Speciale: An Analysis of the Content and Significance of Calvin's Doctrine of Soteriological Predestination," Th. M. thesis, Trinity Evangelical Divinity School, 1967. 이 논문은 석사 학위 논문이지만 아주 뛰어난 논문이다.

4) 웰스의 석사 학위 논문 내용에 대한 논의와 평가와 이 문제에 대한 논의로 이승구, "칼빈의 예정론", 『21세기 개혁신학의 방향』(서울: SFC, 2005), 109-10을 보라.

5) 그 대표적인 예가 제임스 패커 같은 분이라고 할 수 있다. 그는 옥스퍼드에서 리쳐드 박스터와 필립 도드리쥐 같은 청교도들에 대한 전문가인 역사학자 Geoffrey Nuttall 교수의 지도 아래서 "The Redemption and Restoration of Man in the Thought of Richard Baxter"라는 논문으로 D. Phil. 학위(1954)를 받았다. 그런데 그는 옥스퍼드에서 학부(1948)를 마친 후에 옥크 힐 컬리쥐에서 헬라어를 가르친 일을 하다가 위클리프 홀에서 성공회 신학 공부 과정을 공부하고(1949), 앞서 말한 대로 옥스포드에서 박사학위를 한(1954) 후에는 Tyndale Hall, Bristol (1955-1961), Latimer House, Oxford (Librarian, 1961-1962; Principal 1962-1969), Tyndale Hall, Bristol (1971-1979, Associate Principal of Trinity College, Principal of Bristol, 1979) 등에서 주로 역사 신학 강의를 하였지만 계속 조직신학적 작업을 하고 가르쳤고, 1979년에 영국을 떠나 밴쿠버의 리젼트 컬리쥐(Regent College)에서도 역사신학과 조직신학 교수로 활동했고, 1979년에는 the first Sangwoo Youtong Chee Professor of Theology가 되었다.

그러므로 그는 역사 신학과 조직신학을 다 감당한 학자라고 할 수 있고 이런 예를 데이비드 웰스가 따른 것이다.

6) 나의 좋은 친구 부부가 고든–콘웰에서 데이비드 웰스에게서 가르침 받고 가까이 지내고 있는 분들인데, 대표적으로 그 분들의 증언을 예로 들 수 있다. 오래전에 고든 콘웰에서 M. Div.를 하고 나와 같은 시기에 영국 St. Andrew에서 박사 학위를 하고, 오랫동안 고든–콘웰에서 D. Min. 과정 담당자(Director of D. Min. Program)로 있는 David Currie 와 그의 부인인 Susan Currie가 그 분들이다. 얼마 전에 30년 만에 다시 만나 여러 대회를 하는 중에도(2020년 1월) 데이비드 웰스 교수님이 그의 학생들에게 얼마나 큰 권위를 지닌 분인지 느낄 수 있는 대화를 나누었다.

7) David Wells, *The Search for Salvation* (Downers Grove, Ill.: IVP, 1978).

8) David Wells, *God the Evangelist: How the Holy Spirit Brings Men and Women to Faith* (Grand Rapids: Eerdmans, 1987), 유응국 옮김, 『전도자 하나님 – 성령님은 어떻게 복음 전도하시는가?』 (서울: 서로 사랑, 1998).

9) David Wells, *Turning to God: Biblical Conversion in the Modern World* (Grand Rapids: Baker, 1989), 홍기영 옮김, 『하나님께로 돌아오라』 (서울: 서로 사랑, 1998).

10) 후에 소개할 그의 5부작에 대한 한국어판 서문에도 이런 복음 전도적 관심이 전면에 나타나고 있음을 보라. David Wells, *No Place for Truth, or Whatever Happened to Evangelical Theology* (Grand Rapids: Eerdmans, 1993), 김재영 옮김, 『신학실종』 (서울: 부흥과 개혁사, 2006), 12.

11) David Wells, *Revolution in Rome* (Downers Grove, IVP, 1972).

12) David Wells, *The Prophetic Theology of George Tyrrell* (Chico, CA: Scholars Press, 1981).

13) David Wells, *The Person of Christ: A Biblical and Historical Analysis of the Incarnation* (Westchester, Ill.: Crossway Books,

1984), 이승구 역, 『기독론: 그리스도는 누구인가』(서울: 엠마오, 1992), 개정역 (서울: 토라, 2008), 재개정판 (서울: 부흥과 개혁사, 2015).

14) David Wells and Clark Pinnock, eds., *Toward a Theology of the Future* (Carol Stream, Ill.: Creation House, 1971).

15) David Wells and John D. Woodbridge, eds., *The Evangelicals: What They Believe, Who They Are, Where They Are Changing* (Nashville: Abingdon Press, 1975, revised edition, Grand Rapids: Baker, 1977).

16) Mark Noll and David Wells, eds., *Christian Faith and Practice in the Modern World: Theology from an Evangelical Point of View* (Grand Rapids: Eerdmans, 1988). 이승구 옮김, 『포스트모던 세계에서의 기독교 신앙과 실천 (서울: 엠마오, 1992).

17) David Wells, ed., *Reformed Theology in America: A History of its Modern Development* (Grand Rapids: Eerdmans, 1985), 박용규 옮김, 『프린스톤 신학』, 『웨스트민스터 신학과 화란개혁신학』, 『남부 개혁주의 전통과 신정통 신학』(서울: 엠마오, 1992).

18) 그 이후의 개혁신학의 전개를 더 살펴보려면 이승구, 『전환기의 개혁신학』(서울: 이레서원, 2008)을 보라.

19) David Wells, *No Place for Truth, or Whatever Happened to Evangelical Theology* (Grand Rapids: Eerdmans, 1993), 김재영 옮김, 『신학실종』(서울: 부흥과 개혁사, 2006). 한역되기 전에 이 책에 대한 소개와 논의로 다음 서평도 보라. 이승구, "포스트모던 시대에 정통주의 기독교에의 추구", 「개혁신학」 9 (1994): 195–204, 이승구, 『개혁신학 탐구』, 개정판 (수원: 합신대학원출판부, 2012), 341–45에 재수록. 이 책이 **복음주의 신학**에 대한 책이라는 것을 염두에 두어야 한다. 웰스 자신은 이 책이 자신의 신학 전체의 서론이라고 하기도 했다(후에 언급할 Wells, *Losing Our Virtue*, 5=『윤리실종』, 25).
사실 웰스의 5부작 중 첫째 권의 제목은 다음 책 제목을 활용하여 붙여진 것이다. Jackson Lears, *No Place for Grace: Antimodernism and the Transformation of American Culture, 1880–1920* (New

York: Pantheon Books, 1981).

20) David Wells, *God in the Wasteland: The Reality of Truth in a World of Fading Dreams* (Grand Rapids: Eerdmans, 1994), 윤석인 옮김, 『거룩하신 하나님』(서울: 부흥과 개혁사, 2007).

21) David Wells, *Losing Our Virtue: Why the Church Must Recover Its Moral Vision* (Grand Rapids: Eerdmans, 1998), 윤석인 옮김, 『윤리실종』(서울: 부흥과 개혁사, 2007). 사실 웰스의 5부작 중 세 번째 권의 제목은 다음 책 제목을 활용하여 붙여진 것임을 주목하여 보라. Alasdair MacIntyre, *After Virtue: A Study in Moral Theory* (Notre Dame: University of Notre Dame Press, 1981). 사실 웰스는 덕의 상실이라는 주제를 "사회와 관련해서 다루는데" 자신은 "교회에 미친 영향에 주의를 기울일" 것이라고 하면서 자신의 논의를 하고 있다 (『윤리 실종』, 37). 이 책에서 그가 고전적 덕 이론과 개신교의 이해를 좀 더 날카롭게 구별할 수 있었으면 더 좋았을 것이다. 늘 잘 구별하는 웰스가 이 책에서는 저술의 목적을 위해 그 둘의 "논의의 바탕은 다르다"는 것을 말하면서도(『윤리 실종』, 39), 주로 비슷한 점을 중심으로 논의를 하여 나가서 조금은 안타깝다. 그가 잘 인용하고 있는 다음 같은 루터의 주장들에 더 충실했어야 한다고 여겨진다: "아리스토텔레스의 윤리학은 은혜에 가장 큰 해악이나 다름없다." "실제로 어떤 사람도 아리스토텔레스는 배제하지 않고는 신학자가 될 수 없다." "간단히 말해, 아리스토텔레스의 모든 사상과 신학과의 관계는 어둠과 빛의 관계와 같다."(*Luther's Works*, 55 vols. [St. Louis: Concordia Publishing House, 1955−1986], 31:11).

22) David Wells, *Above All Earthly Powers: Christ in a Postmodern World* (Grand Rapids: Eerdmans, 2005), 윤석인 옮김, 『위대하신 그리스도』(서울: 부흥과 개혁사, 2008).

23) Wells, *Above All Earthly Powers*, 12=『위대하신 그리스도』, 35.

24) David Wells, *Courage to Be Protestant* (Grand Rapids: Eerdmans, 2008), 홍병룡 옮김, 『용기 있는 기독교』(서울: 부흥과 개혁사, 2008).

25) 이 선언의 전문은 다음에서 확인할 수 있다:

http://www.alliancenet.org/cambridge-declaration.

26) 이 선언의 내용을 설명하는 이 컨퍼런스에서 발제한 그들의 모음으로 James Montgomery Boice and Benjamin E. Sasse, eds., *Here We Stand: A Call from Confessing Evangelicals* (Grand Rapids: Baker, 1996)를 보라.

27) 문제는 대다수의 복음주의자들이 이런 것을 무시하고 여전히 이 책에서 웰스 교수가 "복음주의가 왜 이 모양이 되었는가?"라고 탄식한 그 수준에 머물러 있는 것이다. 책을 제대로 읽지 않는 우리의 현주소를 잘 말해 준다.

28) David Wells, *The Person of Christ* (Westchester, Ill.: Crossway Books, 1984), 이승구 역, 『기독론: 그리스도는 누구인가』 (서울: 엠마오, 1992), 개정역 (서울: 부흥과 개혁사, 2015). 여기서 말한 그리스도에 대한 성경적 진리가 대부분 Wells, *Courage to Be Protestant*, 192-207=『용기 있는 기독교』, 281-302에 요약되어 있다.

    그 핵심은 다음과 같은 요점으로 정리할 수 있다. (1) 그리스도의 성육신을 통해 영원한 것이 시간 속으로 들어와 왔다(282), (2) 새 시대는 그리스도의 탄생과 함께 이 세계에 뚫고 들어오기 시작 했다… 마지막 날이 시작되고 있다는 뚜렷한 의식이 있었다(285)… 바울은 우리에게 말세가 찾아 왔다고 표현한다(고전 10:11)(286). (3) "우리는 예컨대 하나님 나라를 찾고 그것을 위해 기도할 수는 있으나, 오직 하나님 한 분만이 그 나라를 가져올 수 있다(눅 12:31, 23:51; 마 6:10, 23)…. 우리는 그 나라를 위해 일할 수는 있어도, 그것을 좌우할 수는 없다. 우리가 그 나라를 전할 수는 있지만, 세우는 일은 하나님의 몫이다(마 10:7; 눅 10:9, 12:32)."(286) (4) "소위 신인협력설(synegism)이란 것도 들어설 자리가 없다"(287), (5) "성육신은 속죄를 위한 것이었다"(288), (6) 그리스도께서 "우리가 지은 죄의 형벌을 스스로 짊어 지셨다고 말하는 편이 더 적절하다고 믿는다… 영원부터 실로 그리스도는 우리를 대신하여 이 심판을 받으시기로 작정하셨던 것이다. 그런즉 바로 그 십자가에서 승리를 가져오는 하나님의 변함없는 은혜가 시공간 안에 나타났고, 하나님의 거룩함이 십자가의 필연성을 통해 계시되었으며, 그 계시란에서 또한 죄의 죄됨이 밝히 드러났던 것이다."(293) (7) 바울은 "죄가 그리스도에게, 그리스도의 의가 신자에게로 전가 된 것으로 본다."(294) (8) "의미는 하나님 한 분에게서만 오는 법이다"(297).

29) 이런 기대를 표현했던 논의로 이승구, 『개혁신학 탐구』(수원: 합신대
학원 출판부, 2012), 30-35를 보라.

30) 그리스도의 위격 문제를 다룬 20세기 말 개혁신학자에 의한 또 다른
신학적 논의로 Donald Macleod, *The Person of Christ* (Downers
Grove: IVP,), 김재영 옮김, 『그리스도의 위격』(서울: IVP, 2001)도
보라. 이에 대한 논의로 이승구, 『전환기의 개혁신학』(서울: 이레서원,
2008, 최근판, 2016), 243-93도 보라.

　　　그리스도의 사역 문제를 다룬 좋은 논의로 Robert Letham, *The
Work of Christ* (Downers Grove: IVP, 1993)를 보라. 이에 대한 논의
로 이승구, 『전환기의 개혁신학』, 297-319도 보라.

31) 그런 의미에서 이 책의 가장 중요한 부분은 자신의 이전 기독론의 논
의와 연관해서 그리스도 안에서 하나님 나라와 종말이 이미 우리에게
와 있으나 재림 때에 극치에 이르게 된다는 것을 중심으로 그리스도 사
역의 의미를 밝히고, 그것에 근거하여 우리의 존재와 사명을 규정하려
는 Wells, *Above All Earthly Powers*, 206-32=『위대하신 그리스도』,
294-326이라고 할 수도 있다.

32) David Wells, *God in the Whirlwind: How the Holy-love of God
Reorients Our World* (Wheaton: Crossway, 2014).

33) Wells, *Courage to Be Protestant*, 57f.=『용기 있는 기독교』, 95f.

34) Wells, *Courage to Be Protestant*, 75-84=『용기 있는 기독교』,
120-32. 웰스는 하워드 마샬의 성경관과 예수님께서 비유에서 말씀하
신 이미지 중 일부는 받아들일 수 없고, 과거에 그런 식의 계시를 주셨
지만 "지금은 우리들은 거기서 해방시키신다"는 견해(I. H. Marshall,
Beyond the Bible: Moving from Scripture to Theology [Grand
Rapids: Baker, 2004])와 성경이 시간을 초월한 불변적 진리를 담고
있거나 그런 식으로 전달된 것이라는 견해를 조롱하면서, 성경은 마치
마지막 막은 쓰지 않고 주신 대본 같아서 우리들이 다양한 방식으로 그
것을 보충할 수 있고, 그에 따라 다양한 결과를 낼 수 있다는 라이트의
견해(N. T. Wright, *The Last Word* [San Francisco: HarperCollins,
2005])를 비판한다(Wells, *Courage to Be Protestant*, 85-86=『용기

있는 기독교』, 133-34).

35) Wells, *God in the Wasteland*=『거룩하신 하나님』; Wells, *Courage to Be Protestant*, 124-33=『용기 있는 기독교』, 특히 187-200.

36) Wells, *Courage to Be Protestant*, 236=『용기 있는 기독교』, 341.

37) Wells, *Courage to Be Protestant*, 236=『용기 있는 기독교』, 341.

38) Wells, *Courage to Be Protestant*, 245=『용기 있는 기독교』, 352. 그는 이것은 어떤 테크닉을 동원해도 고칠 수 없는 난제"라고 정확히 지적한다(Wells, *Courage to Be Protestant*, 245=『용기 있는 기독교』, 353).

39) Wells, 『기독론: 그리스도는 누구인가』, 개정역; Wells, *Courage to Be Protestant*, 192-207=『용기 있는 기독교』, 281-302.

40) Wells, *Courage to Be Protestant*, 235=『용기 있는 기독교』, 339.

41) Wells, *Courage to Be Protestant*, 235=『용기 있는 기독교』, 339.

42) Wells, *Courage to Be Protestant*, 237=『용기 있는 기독교』, 342.

43) Wells, *Courage to Be Protestant*, 219=『용기 있는 기독교』, 317.

44) Wells, *Courage to Be Protestant*, 243=『용기 있는 기독교』, 350.

45) Wells, *Courage to Be Protestant*, 226-41=『용기 있는 기독교』, 327-48.

46) Cf. Wells, *Courage to Be Protestant*, 239-41=『용기 있는 기독교』, 344-48.

47) Wells, *Courage to Be Protestant*, 246=『용기 있는 기독교』, 354f. 그는 "하나님 앞에서는 은신처가 존재하지 않는다"고 정확히 지적한다.

48) Wells, 『신학 실종』 (서울: 부흥과 개혁사, 2006, 8쇄, 2011), 14.

49) Wells, *No Place for Truth*, 5=『신학 실종』, 26.

50) Wells, *No Place for Truth*, 6=『신학 실종』, 28.

51) Wells, *No Place for Truth*, 6=『신학 실종』, 28.

52) Wells, *No Place for Truth*, 296, 301=『신학 실종』, 459, 465.

53) Wells, *God in the Wasteland*, 5, 28=『거룩하신 하나님』, 23, 57f.

54) Wells, *Losing Our Virtue*, 5, 6=『윤리실종』, 25, 27. 자신이 이 일을 『신학 실종』으로 시작하였음을 말하면서 이 책은 그의 "신학 전체에 대한 서론"인데, 이는 전통적인 서론이 아니고 "문화적 서론"이라고 한다(Losing Our Virtue, 5=『윤리실종』, 25).

55) Wells, *Losing Our Virtue*, 20=『윤리실종』, 46.

56) Wells, *Losing Our Virtue*, 20=『윤리실종』, 47.

57) Wells, *Losing Our Virtue*, 20=『윤리실종』, 47. 오늘날은 선교사를 보내는 나라들도 "타 지역의 환경과 마찬가지로 기독교 신앙에 대해 냉담한 선교환경을 조성한다"(Wells, *Above All Earthly Powers*, 312=『위대하신 그리스도』, 437). 그런 점에서 웰스의 문제의식은 비서구권의 선교사로 있다가 영국으로 돌아 간 선교사인 레슬리 뉴비긴이 영국과 서구에서 느낀 문제의식과 비슷하다고 할 수 있다. 단지 그들이 제시하는 해결책이 서로 다를 뿐이다. 뉴비긴의 고민과 그의 해결책에 대한 부석과 논의로 이승구, 『우리 이웃의 신학들』(서울: 나눔과 섬김, 2014), 283-311을 보라.

58) Wells, *Above All Earthly Powers*, 13-15=『위대하신 그리스도』, 39-41.

59) 사회학자들이 말하는 이 개념에 대한 설명으로 Wells, 『거룩하신 하나님』, 331, 이를 중심으로 현대사회를 분석하겠다는 선언은 Wells, *No Place for Truth*, 72=『신학 실종』, 126에, 그리고 그 실제적 분석내용은 Wells, *No Place for Truth*, 72-92=『신학 실종』, 127-55에 제시되어 있다. 이에 대한 요약으로 Wells, *God in the Wasteland*, 7-12=『거룩하신 하나님』, 27-33도 보라.

60) Wells, *No Place for Truth*, 54=『신학 실종』, 100. 김재영 목사님의 번역을 일부 손질하였다.

61) Paul Johnson, *The Birth of the Modern: World Society, 1815-1830* (New York: HarperCollins, 1991), Wells, *No Place for*

Truth, 53f.=『신학 실종』, 99-100, n. 1에서 재인용.

62) Geoffrey Barracrough, *An Introduction to Contemporary History* (Harmonsworth: Penguin, 1967), Wells, *No Place for Truth*, 53f.=『신학 실종』, 99-100, n. 1에서 재인용.

63) David Babbingtpn, "Evangelical Christianity and Mdernism," *Crux* 26 (June 1990), 2, Wells, *No Place for Truth*, 53f.=『신학 실종』, 99-100, n. 1에서 재인용.

64) Wells, *No Place for Truth*, 53f.=『신학 실종』, 100, n. 1.

65) Wells, *No Place for Truth*, 54=『신학 실종』, 100. 김재영 목사님의 번역을 일부 손질하였다.

66) Wells, *No Place for Truth*, 55=『신학 실종』, 101, 강조점은 덧붙인 것임.

67) Wells, *No Place for Truth*, 54, 89=『신학 실종』, 100, 151.

68) Wells, *No Place for Truth*, 89f.=『신학 실종』, 152.

69) Wells, *God in the Wasteland*, 9=『거룩하신 하나님』, 29: "현대성이 세계에 등장하기 전까지는 문화가 항상 지역성을 띠고 있었다." Wells, *Losing Our Virtue*, 25=『윤리실종』, 57.

70) Wells, *God in the Wasteland*, 9=『거룩하신 하나님』, 29.

71) Wells, *Courage to Be Protestant, 31=*『용기 있는 기독교』, 61.

72) Wells, *No Place for Truth*, 60f.=『신학 실종』, 109f.

73) Wells, *No Place for Truth*, 61, 286=『신학 실종』, 110, 443; Wells, God in the Wasteland, 46=『거룩하신 하나님』, 80("1960년대에 계몽주의가 꿈꾸던 계획이 좌절되었다"), 328; Wells, *Above All Earthly Powers*, 5=『위대하신 그리스도』, 25 ("계몽주의 세계의 와해와 그를 대신해 포스트모더니즘 기조가 대두된 사실"); Above All Earthly Powers, 31=『위대하신 그리스도』, 62 ("요즘은 계몽주의 이념이 해체되고 있다."); *Above All Earthly Powers*, 59=『위대하신 그리스도』, 96 ("현대성의 전형이던 계몽주위는 사라지고 있다.")

74) Wells, *No Place for Truth*, 60=『신학 실종』, 110.

75) Wells, *No Place for Truth*, 61=『신학 실종』, 110.

76) Wells, *No Place for Truth*, 61=『신학 실종』, 110.

77) Cf. Thomas Oden, *After Modernity …: What?: Agenda for Theology* (Grand Rapids: Zondervan, 1991); Diogenes Allen, *Christian Belief in a Postmodern World: The Full Wealth of Conviction* (Louisville: Westminster/John Knox, 1989).

78) 이는 Wells, *No Place for Truth*, 59–68=『신학 실종』, 109–20; Wells, 『거룩하신 하나님』, 80–86, 164–65; Wells, *Losing our Virtue*, 11–14, 특히 125=『윤리실종』, 36–38, 특히 203f.; 그리고 특히 포스트모더니즘 세계에서 기독교의 존재를 어떻게 구성할 것이냐를 논의하는 Wells, *Above All Earthly Powers*, 5, 11, 33–59, (건축 분야에서 포스트모던 이라는 말을 처음 한 것으로 알려진 Charles Jenks를 언급하는) 53=『위대하신 그리스도』, 25, 33, 63–97, 89, 그리고 집중적으로 "포스트모던 반란"(Postmodern rebellion)을 말하는 *Above All Earthly Powers*, 60–90=『위대하신 그리스도』, 101–39; Wells, *Courage to Be Protestant*, 107f.=『용기 있는 기독교』, 164f.에 나타나는 구별이다.

   이런 의미에서 그는 "포스트모더니즘 세계에서는 삶이 무의미한 탓에, 덕의 회복은 번번히 좌절될 수밖에 없다"라고 말한다(Wells, Losing our Virtue, 14=『윤리실종』, 38, 윤석인 목사님의 번역을 조금 변경하였다). 특히 Kenneth J. Gergen, *The Saturated Self: Dilemma of Identity in Contemporary Life* (New York: Basic Books, 1991), 48–80; idem, "Technology and the Self: From the Essential to the Sublime," in *Constructing the Self in a Mediated World*, eds., Debra Grodin and Thomas R. Rindlof (Thousand Oaks, CA: SAGE Publications, 1996); idem, *The Concept of Self* (New York: Holt, Reinehart, 1971); Walter Truett Anderson, *Reality Is Not What It Used to Be: Theatrical Politics, Ready-to-Wear Religion, Global Myths, Primitive Chic and Other Wonders of the Postmodern World* (San Francisco: HarperCollins, 1993); Madan Sarup, *Identity, Culture and the*

Postmodern World (Athens: University of Georgia Press, 1996) 등에 나타난 포스트모던 자아의 정체성을 설명하려는 Wells, *Losing our Virtue*, 81-96=『윤리실종』, 141-62를 보라.

79) Cf. Wells, *Losing our Virtue*, 81=『윤리실종』, 141에 인용된 Michel Faucault로부터의 인용문.

80) Michel Faucault, *The Order of Things*, cited in Wells, *Above All Earthly Powers*, 66=『위대하신 그리스도』, 109.

81) Wells, *God in the Wasteland*, 47=『거룩하신 하나님』, 82, 강조점은 덧붙인 것임.

82) Wells, *God in the Wasteland*, 216=『거룩하신 하나님』, 328. 그래서 포스트모던주의는 "거짓된 소망들과 … 환상들이 벗겨진 현대성의 불과하다"고 하며, "현대성의 최종 단계들을 펼쳐 보이는 것으로 드러나고 있다"고 한다(328). 비슷한 견해를 말하는 David Harvey, *The Condition of Postmodernity: An Inquiry into the Origins of Cultural Change* (Oxford: Blackwell, 1992), 116을 인용하기도 한다 (Wells, *Above All Earthly Powers*, 67=『위대하신 그리스도』, 108, n. 8). 그래서 웰스는 "현대성과 탈현대성 간의 연속성을" 주목하며 강조한다(Wells, *Above All Earthly Powers*, 67=『위대하신 그리스도』, 110). "포스트모더니즘이라고 불리는 현상은 사실상 현대선 내부의 위기라고 이해하는 것이 옳다"고 한다(Wells, *Above All Earthly Powers*, 79=『위대하신 그리스도』, 125).

83) Wells, *God in the Wasteland*, 218=『거룩하신 하나님』, 331.

84) Wells, *Above All Earthly Powers*, 73=『위대하신 그리스도』, 117.

85) Wells, *God in the Wasteland*, 220=『거룩하신 하나님』, 334.

86) Wells, *Above All Earthly Powers*, 62=『위대하신 그리스도』, 103.

87) Wells, *God in the Wasteland*, 47=『거룩하신 하나님』, 82.

88) Wells, *Above All Earthly Powers*, 16, 24=『위대하신 그리스도』, 43-44, 53.

89) 이점을 잘 논의하는 Wells, *Above All Earthly Powers*, 65-66=『위

대하신 그리스도』, 107–108을 보라. 여기서 그는 현대의 상대주의를 바이바르 공화국 시적의 독일 철학을 연관시켜서 설명하려는 Allan Bloom, The Closing of the American Mind: How Education has Failed Democracy and Impoverished the Soul of Today's Students (New York: Simon and Schuster, 1987), 147 ("히피, 이피, 여피, 거친 남성, 성직자, 단체장들은 부지중에 반세기 전의 독일 철학에 따라 스스로를 이해해 왔는데")의 논의를 비판한다. 부지중에 이런 일이 일어났다고 한 것은 옳지만, 그것이 독일 철학에 심취한 결과는 아니고, 비슷한 문화의 유사성이 나타난 것이라는 것이다(Wells, *Above All Earthly Powers*, 65=『위대하신 그리스도』, 107, n. 7). 또한 그 가져을 설명하는 Wells, *Above All Earthly Powers*, 75–79=『위대하신 그리스도』, 120–25.

90) Wells, *God in the Wasteland*, 118=『거룩하신 하나님』, 185. 그 결과 우리들은 "어디서나 똑 같은 기계 장치(gadgets), 자동차, 오락을 접한다."(Wells, *Losing Our Virtue*, 25=『윤리실종』, 57).

91) Wells, *No Place for Truth*, 72, 74=『신학 실종』, 127, 129; Wells, *Losing our Virtue*, 23, 25, 106=『윤리실종』, 53, 57, 176; Wells, *Above All Earthly Powers*, 16, 26, 32=『위대하신 그리스도』, 43, 56, 62; Wells, *Courage to Be Protestant*, 32, 63=『용기 있는 기독교』, 62, 104.

92) Wells, *No Place for Truth*, 72=『신학 실종』, 127, 강조점은 덧붙인 것임.

93) 또한 Wells, *God in the Wasteland*, 7–8=『거룩하신 하나님』, 27–28; Wells, *Courage to Be Protestant*, 32=『용기 있는 기독교』, 62도 보라. "기술은 현대 자본주의의 반드시 필요한 조건이다."(Wells, 『거룩하신 하나님』, 28); Wells, Losing our Virtue, 23, 25, 106=『윤리실종』, 53, 57, 176. 필립 리프는 이미 1968년에 현대를 "돈으로 살 수 있고, 기술로 만들 수 있고 과학으로 고안할 수 있는 모든 것의 우월성"을 특징으로 한다고 묘사하기도 했다(Philip Rieff, *The Triumph of the Therapeutic: The Uses of Faith after Freud* [New York: Harper & Row, 1968], 253, cited in Wells, *Losing our Virtue*, 106=『윤리실종』, 177, n. 54, 그리고 『위대하신 그리스도』, 87, n.

58); Wells, *Above All Earthly Powers*, 16, 27, 28, 32, 35, 38, 39-44=『위대하신 그리스도』, 43, 56, 57, 62, 66, 69f., 74-78; Wells, *Courage to Be Protestant*, 119=『용기 있는 기독교』, 180. 그리하여 웰스는 "포스트모더니즘의 사고방식은 고도화된 자본주의의 그림자"라고 한다(Wells, *Above All Earthly Powers*, 77=『위대하신 그리스도』, 123).

94) Wells, *God in the Wasteland*, 7=『거룩하신 하나님』, 27; Wells, *Losing Our Virtue*, 23, 25=『윤리실종』, 53, 57; Wells, *Above All Earthly Powers*, 16, 32=『위대하신 그리스도』, 43, 62; Wells, *Courage to Be Protestant*, 32=『용기 있는 기독교』, 62. 『위대하신 그리스도』에서는 마지막에 "국가"도 언급하고 있다. 다른 데서는 이 "국가"라는 요소는 관료조직이라는 말로 그저 함축되었던 것이다. *Above All Earthly Powers*, 32=『위대하신 그리스도』, 62에서 더 구체적으로 "현대 국가"라고 말하기도 한다. 또한 현대 국가, 특히 1945년 이후의 미국의 정부가 어떻게 삶의 모든 것에 영향을 미치게 되었는지에 대한 논의로 *Above All Earthly Powers*, 55-56=『위대하신 그리스도』, 92-93를 보라.

95) Wells, *God in the Wasteland*, 8=『거룩하신 하나님』, 28. Cf. Wells, *Losing Our Virtue*, 25f.=『윤리실종』, 56f; Wells, *Courage to Be Protestant*, 32=『용기 있는 기독교』, 62 ("현재 미국인의 93%가 50,000명이 넘는 도시에 살고 있다."). 온 세상에 있는 미국 문화의 흔적을 잘 표현한 James B. Twitchell, *Carnival Culture: The Trashing of Taste in America* (New York: Columbia University Press, 1992), 7 (cited in Wells, *Losing Our Virtue*, 25=『윤리실종』, 57, n. 4)를 보라.

96) Wells, *No Place for Truth*, 73=『신학 실종』, 128. 이 때 그는 I. John Palen, The Urban World, 3rd edition (New York: McGraw-Hill, 1987)을 보라고 한다.

97) Wells, *No Place for Truth*, 74=『신학 실종』, 129. 이에 덧붙여서 그는 "현대성이라는 용어는 주로 도시화가 만들어낸 공적인 환경과 그 도시 환경을 채우고 있는 거대한 비인격적 구조가 형성한 도덕적 에티켓, 사고 방식, 인간 관계를 가리킨다고 말할 수 있다"고 한다(*No Place*

for Truth, 74=『신학 실종』, 129).

98) Wells, *No Place for Truth*, 74, 82, 130=『신학 실종』, 130, 141 ("지금은 원심력 즉 분권적인 힘이 이 둘을 [즉, 공적인 영역과 사적인 영역을] 분리하고 있다."), 211. Wells, *Above All Earthly Powers*, 3=『거룩하신 하나님』, 30; Wells, *Courage to Be Protestant*, 118=『용기 있는 기독교』, 180. 현대성이 공적인 것과 사적인 것을 나누도록 하는 경향이 있다는 것과 관련해서 James Davidson Hunter, *American Evangelicalism* (New Bruswick, NJ: Rutgers University Press, 1983), 91–94도 언급한다(Wells, *No Place for Truth*, 130=『신학 실종』, 211).

99) Wells, *No Place for Truth*, 74=『신학 실종』, 130. 이에 대해 그는 Arthur Brittan, *The Privatised World* (London: Routledge & Kegan Paul, 1977), 45–76을 보라고 한다. 그리고 교회와 사회, 직장과 가정, 핵가족과 확대 가족의 분리 현상을 "포스트모던주의의 사회학"으로 제시하는 Scott Lasch, Sociology of Postmodernism (New York: Routledge, 19990), 8–14, cited in Wells, *Above All Earthly Powers*, 78=『위대하신 그리스도』, 123도 보라.

100) Wells, *No Place for Truth*, 74, 75=『신학 실종』, 130, 132 ("그 시각에서 볼 때, 유일한 윤리는 효율성이다"); Wells, *God in the Wasteland*, 10, 50=『거룩하신 하나님』, 31, 85.

101) Wells, *No Place for Truth*, 74=『신학 실종』, 130; Wells, *God in the Wasteland*, 10, 48, 50, 96=『거룩하신 하나님』, 31, 83, 85, 151; Wells, *Courage to Be Protestant*, 119=『용기 있는 기독교』, 180.

102) Wells, *God in the Wasteland*, 10=『거룩하신 하나님』, 31.

103) Wells, *No Place for Truth*, 75=『신학 실종』, 131. 닐 포스트만은 우리들이 "온갖 형태의 문화생활을 기술(technique and technology)의 주권에 종속시켜 왔다"고 한다(Neil Postman, *Technology: The Surrender of Culture to Technology* [New York: Vintage, 1992], 52, cited in Wells, *Above All Earthly Powers*, 21=『위대하신 그리스도』, 49, n. 8, 윤석인 목사님의 번역을 조정하였다).

104) Wells, *No Place for Truth*, 284=『신학 실종』, 440.

105) Cf. J. Ellul, *The Technological Society*, trans. John Wilkinson (New York: Alfred A. Knopf, 1964), 3–22.

106) 이를 잘 표현하는 책이 Joshua Meyrowitz, *No Sense of Place* (New York: Oxford University Press, 1985)이다. 이 책을 언급하면서 웰스는 "1세기 전만해도 … 대부분의 인간관계는 걸어서 이동할 수 있는 작은 반경 안에서 이루어졌다"고 한다(Wells, *Losing Our Virtue*, 81=『윤리실종』, 141).

107) 예를 들어서, 20세기에만 인류의 평균 수평이 거의 두 배가 되었다 (Wells, *God in the Wasteland*, 12=『거룩하신 하나님』, 33).

108) Wells, *No Place for Truth*, 11=『신학 실종』, 35. 또한 Wells, 『거룩하신 하나님』, 28. 이를 더 드러낸『윤리실종』도 보라. 현대화의 혜택과 대가를 흥미롭게 분석한 책으로 웰스는 다음 책을 제시한다. Donald B. Kraybill, *The Diddle of Amish* (Baltimore: The Johns Hopkins University Press, 1989), 250–60 (Wells, *God in the Wasteland*, 12=『거룩하신 하나님』, 34, n. 10).

109) Oswalt Spengler, *The Decline of the West*, 2 vols. tars. Charles Francis Atkinson (New York: Alfred A. Knopf, 19290, 2:469, Wells, *No Place for Truth*, 76=『신학 실종』, 132, n. 31에서 재인용.

110) Wells, *No Place for Truth*, 11=『신학 실종』, 35f.

111) Wells, *No Place for Truth*, 76=『신학 실종』, 132. 여기서 그는 Peter L. Berger, *Facing Up to Modernity: Excursions in Society, Politics, and Religion* (New York: Basic Books, 1977), 7–75를 언급한다.

112) Wells, *Above All Earthly Powers*, 27=『위대하신 그리스도』, 57.

113) Peter Berger, *Facing Up to Modernity: Excursions in Society, Politics, and Religion* (New York: Basic Books, 1977), 73, cited in Wells, *Above All Earthly Powers*, 238=『위대하신 그리스도』, 335, n. 6.

114) Wells, *Losing Our Virtue*, 26=『윤리실종』, 58.

115) Berger, *Facing Up to Modernity*, 74, cited in Wells, *Above All Earthly Powers*, 240=『위대하신 그리스도』, 337, n. 8. 그 결과 서구 사회에서 "여가와 휴양만을 목표로 하는 신업이 크게 번창"하게 된다.

116) Wells, *No Place for Truth*, 77=『신학 실종』, 133.

117) Wells, *No Place for Truth*, 77=『신학 실종』, 133f. 강조점은 덧붙인 것임. 매스 미디어에 성격과 그 특성에 대한 논의로 Wells, *No Place for Truth*, 90=『신학 실종』, 153; Wells, 『거룩하신 하나님』, 29도 보라.

118) Wells, *No Place for Truth*, 77=『신학 실종』, 134.

119) Stuart Ewen, *All Consuming Images: The Politics of Style in Contemporary Culture* (New York: Basic Books, 1988), 2, cited in Wells, *Losing Our Virtue*, 85=『윤리실종』, 146.

120) Robert Bellah, *Beyond Beliefs: Essays on Religion in a Post-Traditional World* (New York: Harper & Row, 1970), 64, Wells, *No Place for Truth*, 90=『신학 실종』, 153, n. 56에서 재인용.

121) Wells, *No Place for Truth*, 287=『신학 실종』, 445.

122) Wells, *No Place for Truth*, 78=『신학 실종』, 134f. 그런 문제를 잘 드러내면서 현대성의 특징을 잘 드러내는 Marshall Berman, *All that is Solid Melts into Air: The Experience of Modernity* (New York: Simon & Schuster, 1982), 특히 15를 말하는 Wells, *God in the Wasteland*, 96=『거룩하신 하나님』, 152, n. 9도 보라.

123) Wells, *God in the Wasteland*, 118=『거룩하신 하나님』, 185.

124) Stuart Ewen, *All Consuming Images: The Politics of Style in Contemporary Culture* (New York: Basic Books, 1988), 2, cited in Wells, *Losing Our Virtue*, 85=『윤리실종』, 146. 여기서 이웬의 이 책의 부제 속에 있는 "스타일의 정치학"(The Politics of Style)에 주목해야 한다.

125) Wells, *Courage to Be Protestant*, 32, 33=『용기 있는 기독교』, 62, 63.

126) Wells, *Losing Our Virtue*, 112=『윤리실종』, 185.

127) Wells, *Losing Our Virtue*, 113=『윤리실종』, 185.

128) Ewen, *All Consuming Images*, 5, cited in Wells, *Losing Our Virtue*, 113=『윤리실종』, 186, n. 69.

129) Wells, *Losing Our Virtue*, 23=『윤리실종』, 54.

130) 이와 같은 오늘날의 사회적 분위기를 잘 표현하는 Seven Waldman, *"The Tyranny of Choice,"* *The New Republic* (January 27, 1992), 23, cited in Wells, *Losing Our Virtue*, 88, n. 14=『윤리실종』, 151, n. 14을 보라. 우리 사회에서 선택할 수 있는 선택지가 많음을 말하는 Wells, *Above All Earthly Powers*, 76f.=『위대하신 그리스도』, 121f. 도 보라.

131) Zygmunt Bauman, *Liquid Modernity* (Cambridge: Polity Press, 2000), 61, cited in Wells, *Above All Earthly Powers*, 35=『위대하신 그리스도』, 66, n. 26. 이 책에서 바우만은 오늘날 우리는 마치 액체처럼 "상상 하지 못할 정도로 쉽게 영향을 받음을" 잘 묘사한다 (Bauman, *Liquid Modernity* 8, cited in Wells, *Above All Earthly Powers*, 44=『위대하신 그리스도』, 78, n. 46). 수 많은 선택이 우리 앞에 있음을 잘 묘사하는 Wells, *Above All Earthly Powers*, 235=『위대하신 그리스도』, 331도 보라.

132) 배아와 태아의 생명위주로 생각하는 입장(pro-Life)과 그에 대한 낙태를 선택 가능한 것으로 여기는 입장(pro-choice)을 지칭할 때 주로 쓰던 용어를 우리 사회 전체의 분위기를 표현하는 소제목으로 제시하고 있는 Wells, *Losing Our Virtue*, 86 (Pro-Choice)을 보라. 『윤리실종』, 147의 "선택 과잉"은 좋은 번역어이기는 하나 이런 묘한 뉴앙스가 잘 살아나지 않는 번역이다.

133) Wells, *Above All Earthly Powers*, 235=『위대하신 그리스도』, 331.

134) Wells, *Above All Earthly Powers*, 238=『위대하신 그리스도』, 335.

135) Lauren Langman, "Neon Cage: Shopping for Subjectivity," in *Lifestyle Shopping: The Subject of Consumption*, ed., Rob Shileds (London: Routledge, 1992), 48, cited in Wells, *Losing Our Virtue*, 90, n. 17=『윤리실종』, 147, n. 17.

136) 중세의 봉건 사회의 상징인 고딕 성당과 대조되는 오늘날의 상징으로서의 쇼핑몰에 대한 묘사로 Wells, *Losing Our Virtue*, 88-90=『윤리실종』, 151-53을 보라. 오늘날 쇼핑몰이 "고독한 사람에게 위안을, 지루한 사람에게 흥분을, 고갈된 사람에게 만족감을 제공"한다는 (*Losing Our Virtue*, 90=『윤리실종』, 153) 점에서 이전에 교회가 하던 역할이 온전히 대체되고 있음을 잘 드러낸다.

137) Wells, *Above All Earthly Powers*, 69=『위대하신 그리스도』, 112.

138) Wells, *No Place for Truth*, 76=『신학 실종』, 132.

139) Wells, *No Place for Truth*, 77=『신학 실종』, 133.

140) Wells, *God in the Wasteland*, 9=『거룩하신 하나님』, 30.

141) Wells, *God in the Wasteland*, 10=『거룩하신 하나님』, 30. 여기 현대 사회의 노숙자란 용어는 다음 책을 생각하면서 사용하고 있는 것이다. Peter Berger, Brigitte Berger, and Hansfried Kellner, *The Homeless Mind: Modernization and Modern Consciousness* (New York: Random Press, 1979). Wells, *God in the Wasteland*, 15=『거룩하신 하나님』, 37에서는 "현대라는 황무지에서 영적인 방랑자요, 돌아갈 고향이 없는 떠돌이"라고 묘사한다.

142) Wells, *God in the Wasteland*, 12 ("make us shallow")=『거룩하신 하나님』, 34; Wells, *Losing Our Virtue*, 97=『윤리실종』, 163 ("삶은 … 더 천박해 지고, 삶이 목적도 훨씬 모호해졌다.")

143) Wells, *God in the Wasteland*, 12=『거룩하신 하나님』, 34; Wells, *Losing Our Virtue*, 83-86=『윤리실종』, 144-47. 특히 미국에서는 1945-1973년 사이에 점점 더 부요해졌지만 "정신적인 행복은 감소되

었다"는 보고가 나오기도 한다(Angus Campbell, *The Sense of Wellbeing in America: Recent Patterns and Trends* [New York: McGraw-Hill, 1981], 6, Wells, *God in the Wasteland*, 13=『거룩하신 하나님』, 35, n. 12에서 재인용). 이를 보면서 웰스 교수는 "현대화를 통해 이루어진 세계의 재편이 우리 영혼을 병들게 만들었다"고 하고 (Wells, *God in the Wasteland*, 13 ("diminished our soul")=『거룩하신 하나님』, 35), "오늘날의 이 문화는 자아 상실이라는 현대의 늪 속으로 빠져들고 있다"고 한다(*God in the Wasteland*, 15=『거룩하신 하나님』, 37).

144) Cf. Arthur Holmes, 『기독교 세계관』, 재개정판 (서울: 솔로몬, 2017) 27. 웰스 자신이 엘리오트의 이 시를 인용하는 Wells, *God in the Wasteland*, 14=『거룩하신 하나님』, 37도 보라.

145) Wells, *Losing Our Virtue*, 99=『윤리실종』, 166.

146) Wells, *Above All Earthly Powers*, 40=『위대하신 그리스도』, 72.

147) Wells, *No Place for Truth*, 77=『신학 실종』, 133; Wells, 『거룩하신 하나님』, 37, 151. 대중 사회의 문제점에 대해서는 Edward Shils, *The Constitution of Society* (Chicago: Chicago University Press, 1982), 93–109를 보라고 한다. 또한 대중문화의 특성과 문제점에 대해서는 Wells, 『거룩하신 하나님』, 150–53을 보라.

148) Peter Berger, "The Desacralization of the World," in *The Desacralization of the World: Resurgent Religion and World Politics* (Washington: Ethics and Public Policy Center, 1999)의 이런 통찰을 소개하면서 이점을 제시하는 Wells, *Above All Earthly Powers*, 89f.=『위대하신 그리스도』, 138f.을 보라.

149) Wells, *Losing Our Virtue*, 111=『윤리실종』, 183.

150) Wells, *Losing Our Virtue*, 111=『윤리실종』, 183, 강조점은 덧붙인 것임.

151) 이 점을 잘 드러낸 논문으로 웰스는 다음 글을 언급한다. Lucy Bregman, "Pschotheraphies," in *World Spirituality, vol. 22: Spirituality and the Secular Quest*, ed., Peter H. Van Ness (New

York: Crossroad, 1996), 273, cited in Wells, *Losing Our Virtue*, 111=『윤리실종』, 183, n. 64.

152) Wells, *Losing Our Virtue*, 111=『윤리실종』, 183. 윤석인 목사님의 번역을 원문에 맛이 나도록 조정하였다.

153) Wells, *No Place for Truth*, 75=『신학 실종』, 131, 강조점은 덧붙인 것임.

154) Wells, *God in the Wasteland*, 219=『거룩하신 하나님』, 332. 좀 더 구체적으로 말하자면, "미국인 중 67%가 절대 윤리를 믿지 않으며, 70%가 절대 진리를 믿지 않는다"고 한다(Wells, *Losing Our Virtue*, 60=『윤리실종』, 109). 2001년 9.11 이전에는 절대 윤리를 믿는 사람들이 38%였는데, 그 후에는 22%만 믿는다고 했다고 한다(George Barna, "How America's Faith had Changed Since 9–11," http//www.barna.org, cited in Wells, *Above All Earthly Powers*, 4=『위대하신 그리스도』, 24, n. 2).
2002년에 두 차례에 걸친 미국 전국 조사 결과에 의하면 성인 가운데서는 **22%만이 절대 진리가 있다고 믿는다**고 하며, 64%가 진리 상대주의 입장을 취했다고 한다. **십대 사이에서는 6%가 절대 진리를 믿는다**고 하고, 83%가 진리 상대주의 입장을 취했다고 한다. 심지어 자신이 중생했다고 믿는 성인들 가운데서도 34%만 절대 윤리를 주장하고, 10대의 경우에는 9%라고 한다(George Barna, "Americans are Most likely to Base Truth on Feelings," Feb. 12, 2002, http://www.barna.org, cited in Wells, *Above All Earthly Powers*, 304–305, n. 56=『위대하신 그리스도』, 425, n. 56).
물론 이런 통계 조사는 그저 참조 사항일 뿐이다. 가장 최근의 조사인 2015년 7월 3일–9일에 행한 조사연구에 의하면 35%가 도덕적 진리가 절대적이라고 (이 문제에 대해서 별로 생각하지 않은 분들이 21%, 상대적이라고 응답한 분들이 44%) 응답했다고 한다. 더 늘은 셈이다. 세대별로는 소위 밀레니얼 세대의 51%가 도덕적 진리를 상대적이라고 응답했고, 소위 X 세대는 44%, 베이비부머 세대는 41%, 그리고 노인층은 39% 상대주의 윤리관을 지지했다 (https://www.barna.com/research/the-end-of-absolutes-americas-new-moral-code/).

155) 미국에서의 그런 변질의 과정에 대하 논의로 Todd Gitlin, The Twilight of Common Dreams: Why America Is Wracked by Culture Wars (New York: Metropolitan Books, 1995) (Wells, *Losing Our Virtue*, 77=『윤리실종』, 134, n. 53).

156) Wells, *Courage to Be Protestant*, 68=『용기 있는 기독교』, 111.

157) 미국에서의 이 현상을 잘 드러내는 책이 Richard Bernstein, *Dictatorship of Virtue: Multiculturalism and the Battle for America's Future* (New York: Alfred A, Knopf, 1994)라고 할 수 있다(cf. Wells, *Losing Our Virtue*, 77=『윤리실종』, 134, n. 54).

158) Charles J. Sykes, *A Nation of Victims: The Decay of the American Character* (New York: St. Martin's Press, 1992), 11, cited in Wells, *Losing Our Virtue*, 78–79. 이곳은 심각하게 오역되어 있어서 『윤리실종』, 135의 윤석인 목사님의 번역을 원문에 근거해서 수정하였다.

159) Wells, *Losing Our Virtue*, 63=『윤리실종』, 113. 또한 *Losing Our Virtue*, 75=『윤리실종』, 130 ("요즈음은 소송과 규제가 과거의 예의, 자제심, 정직, 관대한 배려가 한 일을 할 수밖에 없다.") 그 이유는 과거에는 갈등 상황을 해결할 수 있는 "가정, 이웃, 교회, 문화적 기대, 도덕 원리 등의 중재자"가 많았으나 그런 중재자가 전혀 없을 때가 많아지기 때문이다(*Losing Our Virtue*, 76=132).

160) Wells, *Losing Our Virtue*, 75–80=『윤리실종』, 130–37.

161) Wells, *Losing Our Virtue*, 75=『윤리실종』, 131.

162) Wells, *Losing Our Virtue*, 77=『윤리실종』, 133.

163) Wells, *No Place for Truth*, 74, 77=『신학 실종』, 130, 133; Wells, *Losing Our Virtue*, 124=『윤리실종』, 202; Wells, *Above All Earthly Powers*, 27=『위대하신 그리스도』, 56 ("기능적"); Wells, *Courage to Be Protestant*, 108, 118=『용기 있는 기독교』, 166, 179.

164) Wells, *No Place for Truth*, 74, 75=『신학 실종』, 130, 132; Wells, 『거룩하신 하나님』, 31, 85; Wells, *Losing Our Virtue*, 75=『윤리실

종』, 55; Wells, *Above All Earthly Powers*, 23=『위대하신 그리스도
』, 51.

165) Wells, *No Place for Truth*, 74=『신학 실종』, 130; Wells, *God in
the Wasteland*, 10, 48, 50, 96=『거룩하신 하나님』, 31, 83, 85, 151;
Wells, *Losing Our Virtue*, 124=『윤리실종』, 202; Wells, *Courage
to Be Protestant*, 108=『용기 있는 기독교』, 166.

166) Wells, *No Place for Truth*, 78=『신학 실종』, 135. 김재영 목사님의
번역을 조금 조정하였다.

167) Richard Wuthnow, *The Restructuring of American Religion:
Society and Faith Since World War II* (Princeton: Princeton
University Press, 1988), 283, cited in Wells, *Above All Earthly
Powers*, 36=『위대하신 그리스도』, 67, n. 27.

168) Wells, *Above All Earthly Powers*, 36=『위대하신 그리스도』, 67.
이것이 삶의 다른 부분을 무시하게 하는 "편협한 합리성"이라는 지적
을 하는 엘룰과 그를 언급하는 Wells, *Above All Earthly Powers*,
36=『위대하신 그리스도』, 67도 보라.

169) 이와 연관해서 웰스 교수가 Peter L. Berger, Brigitte Berger, and
Hansfried Kellner, *The Homeless Mind: Modernization and
Modern Consciousness* (New York: Random House, 1979), 111-15
를 언급하는 데서 이것이 더 확증된다.

170) Wells, *No Place for Truth*, 11=『신학 실종』, 35; Wells, 『거룩하신
하나님』, 28; Wells, *Losing Our Virtue*, 195=『윤리실종』, 309.

171) Wells, *God in the Wasteland*, 8=『거룩하신 하나님』, 28.

172) Wells, *God in the Wasteland*, 57=『거룩하신 하나님』, 95.

173) Wells, *No Place for Truth*, 100=『신학 실종』, 168. Cf. Wells, *No
Place for Truth*, 11=『신학 실종』, 35.

174) 특히 Kenneth J. Gergen, "The Social Construction of
Knowledge," in *Self and Identity: Contemporary Philosophical
Issues*, eds., Daniel Kolak and Raymond Martin (New York:

Macmillan, 1991), 372-85를 보라. Cf. Wells, *Losing Our Virtue*, 106=『윤리실종』, 175, n. 52.

175) Wells, *God in the Wasteland*, 8=『거룩하신 하나님』, 28.

176) Wells, *God in the Wasteland*, 8 ("an encompassing relativism")=『거룩하신 하나님』, 28; *Losing Our Virtue*, 23, 58, 63(pervasive relativism)=『윤리실종』, 54, 106, 113; Wells, *Above All Earthly Powers*, 315=『위대하신 그리스도』, 441. Wells, *Courage to Be Protestant*, 170, 11, 112=『용기 있는 기독교』, 114, 170, 173. Wells, *Courage to Be Protestant*, 70=『용기 있는 기독교』, 114에서는 우리의 끊임없이 선택하고 재평가하는 소비 행위가 이런 상대주의를 부추긴 점도 언급한다.

177) Wells, *Above All Earthly Powers*, 235=『위대하신 그리스도』, 331.

178) Wells, *No Place for Truth*, 127=『신학 실종』, 207. 오늘날 대다수의 미국인은 절대적이고 영속적인 진리, 호소할 수 있는 권위가 되는 진리의 존재를 믿지 않는다는 것을 지적하는 Douglas Groothuis, *Truth Decay: Defending Christianity against the Challenge of Postmodernism* (Downers Grove, IL: IVP, 2000), 17-19, cited in Wells, *Above All Earthly Powers*, 85=『위대하신 그리스도』, 132, n. 28).

179) Wells, *Courage to Be Protestant*, 146=『용기 있는 기독교』, 217.

180) Wells, *Losing Our Virtue*, 94=『윤리실종』, 160. 이를 강조하는 한 흐름인 여성주의(feminism)은 "지금까지 수십 년간 진행되어 왔고 종료될 기미를 전혀 보이지 않는 구성주의 요법 중에서 세계에서 가장 큰 흐름"으로 여겨진다(Anderson, *Reality Is Not What It Used to Be*, 141, cited in Wells, *Losing Our Virtue*, 94=『윤리실종』, 160, n. 27).

181) Wells, *Above All Earthly Powers*, 3=『위대하신 그리스도』, 23. 윤석인 목사님의 "절대악"이라는 친절한 번역어를 원문 그대로 "악"으로 조정하였다. 2005년에 나온 이 책의 서문에서 웰스 교수는 2001년 소위 9.11 사태 후에 미국 사람들이 자신들이 사는 문화에 반해서 절대 악

을 언급하고 생각했지만, 사실 그것도 철저한 것이 아니고 도도히 흘러
가는 포스트모더니즘 문화에 매몰되어 가는 현상을 잘 묘사하는 것으
로 이 책을 시작하고 있다. 또한 Wells, *Courage to Be Protestant*,
100–104=『용기 있는 기독교』, 155–61도 보라.

182) David Harvey, *The Conditions of Postmodernity: An Inquiry
into the Origins of Cultural Change* (Oxford: Blackwell, 1992),
285–86, cited in Wells, *Above All Earthly Powers*, 42=『위대하신
그리스도』, 75, n. 43. 또한 비슷한 현상을 잘 표현하는 다음 책들의 제
목들도 참조하라: Marshall Berman, *All that is Solid Melts into Air:
The Experience of Modernity* (New York: Simon & Schuster,
1982); Zygmunt Bauman, *Liquid Modernity* (Cambridge: Polity
Press, 2000).

183) Steven Connor, *Postmodernist Culture: An Introduction of
Theories of the Contemporary* (Oxford: Basil Blackwell, 1989),
160, cited in Wells, *Above All Earthly Powers*, 71=『위대하신 그리
스도』, 115, n. 11.

184) Wells, *Losing Our Virtue*, 27=『윤리실종』, 59.

185) Wells, *Courage to Be Protestant*, 31=『용기 있는 기독교』, 61.

186) Wells, *Courage to Be Protestant*, 31=『용기 있는 기독교』, 61.

187) Wells, *Courage to Be Protestant*, 33=『용기 있는 기독교』, 64.

188) Wells, *Courage to Be Protestant*, 33=『용기 있는 기독교』, 64.

189) Wells, *Courage to Be Protestant*, 34=『용기 있는 기독교』, 64f.

190) Wells, *Courage to Be Protestant*, 66f., 105, 108=『용기 있는 기
독교』, 109, 162, 166 ("불안").

191) 이를 잘 논의하고 있는 Wells, *Above All Earthly Powers*, 187–98=
『위대하신 그리스도』, 257–89을 보라.

192) James C. Edwards, *The Plain Sense of Things: The Fate of
Religion in an Age of Normal Nihilism* (University Park, PA: The
Penn State University Press, 1997), 46, cited in Wells, *Above All*

Earthly Powers, 187=『위대하신 그리스도』, 268, n. 15. 계속 개척해 가던 나라에 "정복할 미개척지가 전혀 남아 있지 않고, 성취하려는 덧없는 요구와 갈망들만 잔존하는"(바로 뒤에 언급될 Hibbs, Shows about Nothing, 169) 미국의 대중문화에 나타난 이런 허무주의를 잘 분석한 Thomas, S. Hibbs, *Shows about Nothing: Nihilism in Popular Culture from The Exocists to Seinfeld* (Dallas: Spence, 1999)를 보라. 유럽의 사상적 허무주의와는 다른 표현 형태를 가지는 미국적 허무주의를 잘 묘사한 Wells, *Above All Earthly Powers*, 192-93=『위대하신 그리스도』, 276-77을 보라. 소비 중심이어서 미국 문화에 있어서 "소비는 철학의 기능을 담당했다"고도 하고, 미국 같은 소비 사회에서는 "자신을 정의하는 일은 현재적이고, 구매될 수 있고, 경험될 수 있는 것들을 텅해서만 이뤄진다"고 한다(Wells, *Above All Earthly Powers*, 192=『위대하신 그리스도』, 276).

193) Edwards, *The Plain Sense of Things*, 238, cited in Wells, *Above All Earthly Powers*, 187=『위대하신 그리스도』, 268, n. 16.

194) Wells, *Above All Earthly Powers*, 188=『위대하신 그리스도』, 270.

195) 우리의 문제 많음과 그럼에도 우리가 스스로 극복할 수 있음을 잘 드러낸 책으로 인용된 Wendy Kaminer, *I'm Dysfunctional, You're Dysfunctional: The Recovery Movement and Other Self-Help Fashions* (Reading, PA: Addison-Wesley, 1991), cited in Wells, *Losing Our Virtue*, 87=『윤리실종』, 149. 이 책 제목이 Thomas A. Harris, *I an OK, You are OK* (New York: Harper & Row Publishers, 1967)을 반영하고 있음을 주목하라.
또한 Wells, *Losing Our Virtue*, 122, 195=『윤리실종』, 200, 309.

196) Wells, *Above All Earthly Powers*, 239=『위대하신 그리스도』, 337.

197) Wells, *No Place for Truth*, 288=『신학 실종』, 445.

198) 여기서 유발 하라리의 Homo Deus를 생각해 보라.

199) Wells, *Losing Our Virtue*, 56=『윤리실종』, 103.

200) Wells, *Losing Our Virtue*, 56=『윤리실종』, 103.

201) William J. Bennett, *The Index of Leading Cultural Indicators* (Washington: The Heritage Foundation, 1993), 10, Wells, *Losing Our Virtue*, 57=『윤리실종』, 105, n. 11에서 재인용.

202) Bennett, *The Index of Leading Cultural Indicators*, 23, Wells, *Losing Our Virtue*, 57=『윤리실종』, 105, n. 12에서 재인용.

203) Wells, *Losing Our Virtue*, 57=『윤리실종』, 105.

204) Bennett, *The Index of Leading Cultural Indicators*, 3, Wells, *Losing Our Virtue*, 58=『윤리실종』, 105, n. 13에서 재인용.

205) Bennett, *The Index of Leading Cultural Indicators*, 13, Wells, *Losing Our Virtue*, 58=『윤리실종』, 106, n. 14에서 재인용.

206) Wells, *Losing Our Virtue*, 64=『윤리실종』, 114. 또한 Wells, *Above All Earthly Powers*, 191=『위대하신 그리스도』, 273.

207) Wells, *Losing Our Virtue*, 71=『윤리실종』, 124.

208) Wells, *Courage to Be Protestant*, 143=『용기 있는 기독교』, 213.

209) Wells, *Courage to Be Protestant*, 135f.=『용기 있는 기독교』, 203f. 여기서 그는 5부작 중 두 번째 책인 Wells, *God in the Wasteland*, 200에서 인용하면 논의했던 Daniel Yankelovich, *New Rules: Searching for Self-Fulfillment in a World Turned Upside Down* (New York: Random House, 1981)을 다시 언급하면서 이를 논의한다.

210) Wells, *Courage to Be Protestant*, 136=『용기 있는 기독교』, 204.

211) Wells, *Courage to Be Protestant*, 136=『용기 있는 기독교』, 203, 205. 로버트 슐러가 "기독교 신앙 전체를 자아와 자아의 발견을 중심으로 재구성하였고(Wells, *Courage to Be Protestant*, 136=『용기 있는 기독교』, 205), 1983년에 출판된 복음주의 서적의 상당수가 자아 문제를 다루고 있었음을 지적하는 Wells, *Courage to Be Protestant*, 136=『용기 있는 기독교』, 205를 보라.

212) Wells, *Losing Our Virtue*, 65=『윤리실종』, 116.

213) Warren I. Susman, *Culture as History: The Transformation of American Society in the Twentieth Century* (New York: Pantheon Books, 1984), 271, cited in Wells, *Losing Our Virtue*, 106=『윤리실종』, 176, n. 53. 윤석인 목사님의 번역을 조금 조정하였다.

214) Wells, *Losing Our Virtue*, 66=『윤리실종』, 117.

215) Wells, *Losing Our Virtue*, 124=『윤리실종』, 203.

216) David G. Myers, *The Inflated Self: Human Illusions and the Biblical Call to Hope* (New York: Seabury Press, 1981). 그래서 대개 자신은 평균 이상이며, 잘못되는 일의 책임은 거의 남의 탓으로 돌리다고 한다(Myers, The Inflated Self, 20-30, cited in Wells, *Losing Our Virtue*, 186=『윤리실종』, 295, n. 7).

217) Wells, *Courage to Be Protestant*, 115=『용기 있는 기독교』, 175.

218) Wells, *Above All Earthly Powers*, 189=『위대하신 그리스도』, 271.

219) Wells, *Above All Earthly Powers*, 111f.=『위대하신 그리스도』, 271.

220) Wells, *Courage to Be Protestant*, 108, 114=『용기 있는 기독교』, 170f., 174

221) Wells, *Courage to Be Protestant*, 112=『용기 있는 기독교』, 171.

222) Wells, *Losing Our Virtue*, 89. Cf. Christopher Lasch, *The Minimal Self: Psychic Servival in Troubled Times* (New York: W. W. Norton, 1984); Lauren Langman, "Neon Cage: Shopping for Subjectivity," in *Lifestyle Shopping: The Subject of Consumption*, ed., Rob Shileds (London: Routledge, 1992); Philip Cushman, *Constructing the Self, Constructing America: A Cultural History of Psychotheraphy* (Reading, PA: Addison-Wesley, 1995), esp., 65; Donald Capps, *The Depleted Self: Sin in a Narcissistic Age* (Minneapolis: Fortress Press, 1993).

223) 포스트모던 사상가들이 말하는 주체의 죽음(상실)에 대해서는 이승구, "포스트모던 세계와 그리스도", 『광장의 신학』 (수원: 합신대학원대학교 출판부, 2010), 359f.를 보라.

224) Wells, *No Place for Truth*, 78=『신학 실종』, 136.

225) Wells, *God in the Wasteland*, 36=『거룩하신 하나님』, 66. 거의 비슷하게 말하는 Wells, *Above All Earthly Powers*, 194=『위대하신 그리스도』, 278도 보라.

226) Wells, *Above All Earthly Powers*, 193=『위대하신 그리스도』, 276. 또한 이런 허무함이 "하나님께로부터 관계가 단절된 상태의 결과다"고 하는 데서 웰스의 성경적 이해가 잘 드러난다(Wells, *Above All Earthly Powers*, 194=『위대하신 그리스도』, 278).

227) Wells, *No Place for Truth*, 87=『신학 실종』, 148.

228) Wells, *No Place for Truth*, 80=『신학 실종』, 138.

229) 세속화에 대한 다양한 정의들과 규정 노력에 대해서는 David Martin, *The Religious and the Secular: Studies in Secularization* (New York: Schocken Books, 1969), 48-57을 보라고 한다. 그는 마틴의 세속화에 대한 논의가 미국의 모습을 설명하기 어려우며, 사실 유럽의 상황도 정확히 말하기 어렵다고 하면서(Wells, *No Place for Truth*, 80=『신학 실종』, 138, n. 39) 나름의 정의를 제시한다.

230) Wells, *No Place for Truth*, 80=『신학 실종』, 138. 이와 연관해서 "종교적인 사고나 실천이나 제도의 유지"에 의존하지 않는 사회라고 말한 Bryan Wilson, *Religion in Secular Society* (Baltimore: Penguin Books, 1966), 258도 인용한다(Wells, *No Place for Truth*, 80=『신학 실종』, 138f., n. 41; 『거룩하신 하나님』, 241, n. 9).

231) Wells, *Losing Our Virtue*, 26=『윤리실종』, 57, 윤석인 목사님의 번역을 조금 조정하였다. 문맥상 civilization을 문화로 옮겨서 부드럽게 만들었다.

232) Wells, *God in the Wasteland*, 156=『거룩하신 하나님』, 241.

233) Wells, *God in the Wasteland*, 10=『거룩하신 하나님』, 31.

234) Wells, *God in the Wasteland*, 119=『거룩하신 하나님』, 186. Cf. Wells, *Losing Our Virtue*, 60=『윤리실종』, 109; Wells, *Above All Earthly Powers*, 38=『위대하신 그리스도』, 70.

235) Wells, *Losing Our Virtue*, 60=『윤리실종』, 108.

236) Wells, *Losing Our Virtue*, 60=『윤리실종』, 109.

237) Wells, *No Place for Truth*, 87=『신학 실종』, 148.

238) Wells, *No Place for Truth*, 83=『신학 실종』, 142, n. 46. 웰스는 이를 피터 버거를 인용하며 말한다. 버거에 의하면 "세속화가 다양화를 낳고, 다원화는 세속화 과정을 증대시킨다"고 한다(Peter Berger, The Heretical Imperative: Contemporary Possibilities of Religious Affirmation [Garden City, NY: Doubleday, 1980], xi). 또한 Wells, 『거룩하신 하나님』, 31.

239) Wells, *No Place for Truth*, 87=『신학 실종』, 148. 이는 역시 피터 버거의 *The Sacred Canopy: Elements of a Sociology of Religion* (Garden City, NY: Doubleday, 1969), 127–53을 반영하는 말이다.

240) Cf. Douglas Sloan, *Faith and Knowledge: Mainline Protestantism and American Higher Education* (Louisville: Westminster/John Knox Press, 1994).

241) Wells, *Losing Our Virtue*, 11=『윤리 실종』, 34.

242) Wells, *Losing Our Virtue*, 22=『윤리실종』, 52. 물론 사적인 영역에서는 있을 수 있다. 그래서 오늘날은 "개인적으로 실천되고 신앙되는 기독교는 그 어떤 위험에도 빠지지 않는다." 그러나 "사람들은 자기 신념을 공표하는 기독교를 원하지 않는다."(Wells, *Above All Earthly Powers*, 313=『위대하신 그리스도』, 438).

243) Wells, *No Place for Truth*, 87=『신학 실종』, 148.

244) Wells, *Courage to Be Protestant*, 118=『용기 있는 기독교』, 179.

245) Wells, *No Place for Truth*, 78=『신학 실종』, 148.

246) Wells, *God in the Wasteland*, 29("Worldliness of Our Time")=『

거룩하신 하나님』, 59, 윤석인 목사님의 번역을 조금 조정하였다.

247) Wells, *God in the Wasteland*, 54=『거룩하신 하나님』, 91, 웰스 자신의 강조점임.

248) Wells, *No Place for Truth*, 280=『신학 실종』, 433.

249) Wells, *No Place for Truth*, 280=『신학 실종』, 434. 실용주의적으로 "그 사람에게 진리라고" 한다는 것을 말한다.

250) Wells, *Losing Our Virtue*, 26=『윤리실종』, 57.

251) Wells, *No Place for Truth*, 280=『신학 실종』, 433.

252) 그 대표적인 예인 슐라이허마허의 시도에 대한 분석과 비판으로 Wells, *Above All Earthly Powers*, 279f.=『위대하신 그리스도』, 391f.를 보라. 기독교와 현대문화의 통합을 꾀한 기독교 자유주의가 대공황기와 특히 1960년대에 어떻게 몰락했는지에 대한 논의로 Wells, 『거룩하신 하나님』, 46-50; 또한 Wells, *Above All Earthly Powers*, 203=『위대하신 그리스도』, 290; Wells, *Courage to Be Protestant*, 49=『용기 있는 기독교』, 84을 보라. 또한 예를 들어, 섭리에 대한 현대적 사고방식과 결합 한 이해를 제공하는 Leonardo Boff의 해방신학적 이해, David Pailin과 Norman Pittinger의 과정신학적 이해, Daniel Liechty의 포스트리버랄 입장, James McClendon의 내러티브 접근의 이해, 몰트만의 희망의 신학적 이해의 섭리 이해가 옳지 않음을 지적하는 Wells, 『거룩하신 하나님』, 266-68, 276을 보라.

또한 미국에서의 대표적인 예로 Shailer Matthews, *The Faith of Modernism* (New York: The Macmillan, 1924)을 보라(이를 소개하면서 비판하는 Wells, *Above All Earthly Powers*, 267, 278f.=『위대하신 그리스도』, 391, n. 23을 보라). 프린스톤의 목회상담학 교수인 Donlad Capps 교수가 쓴 『고갈된 자아』, *The Depleted Self: Sin in a Narcissistic Age* (Minneapolis: Fortress Press, 1993)에서 죄가 어떻게 현대에 맞추어 수치심으로 다시 정의되어 제시되고 있는 지에 대한 분석으로 Wells, *Losing Our Virtue*, 198-99=『윤리실종』, 313-15를 보라. 도날드 캡스는 수치심을 느끼는 것은 (1) 이상적 자아의 모습과 실제 모습 사이의 자아 분열, (2) 이 상황에서 책임 전가, 내면으로의 도피, 권력 추구 등으로 표현되는 방어 전략의 개발, 그리고 (3) 공

허감 등의 체험에서 경험된다고 하면서(Capps, *The Depleted Self*, 100), 이렇게 "자아가 분열되고, 고갈되고 수세에 몰리면" 그 때 하나님이 우리들로 "참된 자아를 발견하게" 하여 구원하신다(Capps, *The Depleted Self*, 161)고 한다. 따라서 죄의 개념의 변경과 함께 구원 개념의 변화가 나타난다.

좀 더 후대에 자유주의 교회가 성도들이 동의하지도 않고 기독교 신앙에 반대되는 일련의 정치적 주장들을 한 결과를 분석한 Thomas C. Reeves, *The Empty Church: The Suicide of Liberal Christianity* (New York: The Free Press, 1996), 특히 133–65를 보라.

253) 웰스의 바르트와 신정통주의 사상에 대한 문제 제기와 비판으로 Wells, *Above All Earthly Powers*, 171, 174, 200, n. 25=『위대하신 그리스도』, 245, 249, 285, n. 25; 그리고 Wells, *Courage to Be Protestant*, 83=『용기 있는 기독교』, 130을 보라.

254) Wells, *No Place for Truth*, 12, 297=『신학 실종』, 37, 강조점은 덧붙인 것임, 460; Wells, 『거룩하신 하나님』, 55, 56, 86, 231; Wells, *Losing Our Virtue*, 2, 6, 51, 80=『윤리실종』, 21, 27, 93, 137; Wells, *Above All Earthly Powers*, 280f.=『위대하신 그리스도』, 393. 이를 "은밀한 거래"라고도 표현한다(『거룩하신 하나님』, 56), "은밀한 공모"(Wells, *Losing Our Virtue*, 11=『윤리 실종』, 35). 다른 말로 "복음주의자에게는 거래가 존재하지 않는 것처럼 보인다. 신앙이 판매될 때, 복음주의의 정통신앙은 손상되지 않은 것처럼 느껴진다"(Wells, *Above All Earthly Powers*, 281=『위대하신 그리스도』, 393).

255) Wells, *No Place for Truth*, 115, 27=『신학 실종』, 190, 206. Cf. Wells, *Losing Our Virtue*, 61f.=『윤리 실종』, 34f.; Wells, *Courage to Be Protestant*, 48f.=『용기 있는 기독교』, 84f.

256) Wells, *No Place for Truth*, 297=『신학 실종』, 460.

257) Wells, *No Place for Truth*, 79, 107=『신학 실종』, 137, 179; Wells, *Losing Our Virtue*, 4=『윤리실종』, 24.

258) Wells, *No Place for Truth*, 97=『신학 실종』, 163.

259) Wells, *No Place for Truth*, 285=『신학 실종』, 442. 또는 "현대 시

대와 따라서 현대성과 편하게 잘 지내는" 복음주의라고 할 수도 있다 (*No Place for Truth*, 288=『신학 실종』, 446). 그런데 그런 사람들은 "사실 상 그것의 포로가 도어 봉사하는" 것이라고 한다(288=446). 현대성에 종노릇하는 것을 지적하는 말이다. 따라서 이를 반대하는 사람들은 "현대서에 대한 자유를 경험하는 사람들이라고 한다(288=446).

260) Wells, *Courage to Be Protestant*, 3 ("pragmatists to the last drop of blood")=『용기 있는 기독교』, 24.

261) Wells, *Courage to Be Protestant*, 3=『용기 있는 기독교』, 23.

262) Wells, *Courage to Be Protestant*, 44f.=『용기 있는 기독교』, 78f., 강조점은 덧붙인 것임.

263) Wells, *No Place for Truth*, 108=『신학 실종』, 180. 그렇게 되어 결국 신앙의 각 조항은 다 고백하는 것 같은 데, "복음주의 신앙의 중심은 현재 텅 비었으며, 그 공간을 현대성이 들어와 채우고 있다"고 한다 (Wells, *No Place for Truth*, 109=『신학 실종』, 182). Wells, 『거룩하신 하나님』, 142 ("하나님에 대한 정통 교리는 완전한 상태로 고스란히 남아 있으나, 그 중요성은 사라져 간다… 예전 세대처럼 삶을 결정하고 사람들을 권유하는 힘을 더 이상 각지 못한다."); Wells, *Losing Our Virtue*, 28=『윤리실종』, 61. 여기서는 한 예로 성경의 영감성을 시인하면서도 "하나님의 말씀이 목적한 바를 성취할 수 있다는 확신은 그리 크지 않아서" 결국 "상업 지식과 심리학에 호소하는" 오늘날의 변형된 복음주의 교회의 모습을 제시한다. 사실상 여기에 말씀에 대한 "불신"이 있으니, "성경말씀이 불가능한 일을 실현하는 하나님의 수단이라는 사실"을 믿지 많음이 있다는 것이다(61).

264) 특히 젊은 세대에서의 이런 과정을 잘 분석하여 보여 준 James Davison Hunter, *Evangelicalism: The Coming Generation* (Chicago: Chicago University Press, 1987), 특히 46; 1980년대까지의 남침례 교단 사람들의 비슷한 문제점에 대한 실증적 연구로 Nancy T. Ammerman, *Baptists Battles: Social Change and Religious Conflict in the Southern Baptist Convention* (New Brunswick, NJ: Rutgers University Press, 1990), 특히 163을 보라. 이런 정향에 대한 그 교단에서의 항의로 나타난 James Garret and Glenn E.

Hinson, *Are Southern Baptists "Evangelicals"?* (Macon, GA: Mercer University Press, 1983)도 보라.

물론 그 이후 1990년에 와서 남침례 교단이 상당히 개혁파적으로 신학적인 강조를 하는 방향으로 바뀌었다. 이에 미친 현재 미국에서 가장 영향력 있는 복음주의자들로 언급되는 1993년부터 남침례교 신학교의 9대 총장을 하고 있는 알버트 로버트 몰러(Richard Albert Mohrer, Jr., 1959년 생) 총장과 토마스 쉬라이어 교수(Thomad R. Schreier, 1954년 생), 2008년-2009에 미국 복음주의신학회 회장을 한 브루스 웨어 교수(Bruce Ware, 1953년 생), 외부에서 영향을 미친 도날드 카슨 교수(Donald Carson, 1946년 생), 존 파이퍼(John Piper, 1946년 생) 등의 큰 영향을 우리를 중요시해야 한다.

265) 그 대표적인 예로 (1) 성경에는 구원을 표현하는 여러 은유들이 있기에 우리 방식대로 하나님의 진노를 생각하여 "속죄 희생으로 진정시켜야 하는 분노한 하나님을 묘사하기 위한 근거가 성경 전체에 존재하지 않는다"고 말하면서 대리 속죄를 거부하는 Joel B. Green and Mark D. Baker, *Recovering the Scandal of the Cross: Atonement in New Testament and Contemporary Contexts* (Downers Grove, IL: IVP, 2000), 51의 입장;

(2) 법률가의 관점이 아닌 개인 나름의 관점에서 속죄를 새롭게 생각할 수 있다는 Clark H. Pinnock and Robert Brow, *Unbounded Love: A Good News Theology for the 21st Century* (Downers Grove, IL: IVP, 1994), 103 등의 논의에 대한 웰스의 강한 반론적 논의를 보라 (Wells, *Above All Earthly Powers*, 219=『위대하신 그리스도』, 310, n. 50 & n. 51).

또한 (3) "바울에 대한 새 관점" 사상에 대한 강하고 분명한 반박 논의를 보라(Wells, *Above All Earthly Powers*, 220, 222=『위대하신 그리스도』, 310-11, n. 52, 314, n. 56; Wells, *Courage to Be Protestant*, 85=『용기 있는 기독교』, 133f.).

또한 (4) 포스트모더니즘에 맞추어 복음주의 신학을 제시하려고 하는 그렌츠(Stanley Grenz, *A Primer on Postmodernism* [Grand Rapids: Eerdmans, 1996], 169-71; idem, *Renewing the Center: Evangelical Theology in a Post-Theological Era* [Grand Rapids: Baker, 2000])의 시도에서 그가 포스모더니즘에 맞도록 복음을 길들

여 왔다는 비난은 정당하다는 웰스의 평가를 보라(Wells, *Above All Earthly Powers*, 228=『위대하신 그리스도』, 322 & n. 61).

그리고 (5) Clark Pinnock, Robert C. Brow, Richard Rice, John Sanders, William Hasker 등의 개방된 유신론(Open theism)에 대한 웰스의 좋은 논박으로 Wells, *Above All Earthly Powers*, 242-51=『위대하신 그리스도』, 341-52를 보라. 웰스는 개방된 유신론이 "19세기 개신교 자유주의 사상에 훨씬 가까이 기울어지는 성향"을 가졌다고 정확히 지적한다(Wells, *Above All Earthly Powers*, 247=『위대하신 그리스도』, 347). 그것을 니이버의 분류 중의 "문화 속의 그리스도"라는 과거의 입장에 접근하는 것이라고 표현하기도 한다(Wells, *Above All Earthly Powers*, 248=『위대하신 그리스도』, 349).

266) Wells, *No Place for Truth*, 289=『신학 실종』, 448. Cf. Wells, *Courage to Be Protestant*, 39=『용기 있는 기독교』, 71: "교리는 입밖에도 내지 말라. 진지한 노력을 요구하는 것이면 아무 것도 지껄이지 말라."

267) Os Guiness, *Dining with the Devil: The Megachurch Movement Flirts with Modernity* (Grand Rapids: Baker, 1993), 35, cited in Wells, *Above All Earthly Powers*, 307=『위대하신 그리스도』, 428-29, n. 61.

268) Wells, *No Place for Truth*, 135=『신학 실종』, 218.

269) Wells, *God in the Wasteland*, 55=『거룩하신 하나님』, 91. 윤석인 목사님의 "세상성"(worldliness)이라는 번역을 "세속성"으로 번역을 조정하였다.

270) Wells, *Losing Our Virtue*, 180=『윤리실종』, 286. 그런 구체적 모습을 극적으로 표현하는 이 페이지를 잘 읽어 보라.

271) 칼 헨리 등의 노력과 1950년대부터 1970년대 전반기까지의 *Christianity Today*지에 대해서 이렇게 분석하는 Wells, Wells, *No Place for Truth*, 8=『신학 실종』,『신학 실종』, 31f.을 보라. 1960년대와 70년대의 대표적인 복음주의 지도자들로 Carl Henry, E. J. Carnell, Cornelius Van Til, Bernard Ramm, Francis Schaeffer, Kenneth Kantzer를 언급하는 Wells, *No Place for Truth*, 133=『신

학 실종』, 215f.도 보라. 그러나 이제는 "이 자본은 다 소진되어 버렸다. 은행이 텅비었다"고 말하는 Wells, *No Place for Truth*, 133=『신학 실종』, 216도 보라.

그러나 〈전국 복음주의 연합〉(NAE: National Association of Evangelicals for United Action)이 1942년에 결성될 때도 "자신들이 주변인인 까닭에 교회에 영향을 끼칠 수 있는 단체에서 배제되어 중요성을 인정받지 못한다"는 생각을 하면서 이 단체를 조직하여 이제 이런 기관을 통해서 소위 "역사적 기독교 신앙의 분명한 목소리"를 낼 수 있으리라고 생각하는 그런 생각에 사실 이미 세속화의 문제가 내재해 있었다는 좋은 분석으로 Wells, 『거룩하신 하나님』, 51–54를 보라.

272) 그 대표적인 예로 경건주의가 좋은 복음주 운동이지만, 이는 "진리에 대한 열정을 영혼에 대한 열정으로 대체하여", "19세기와 20세기에 이르기까지 신학은 점점 파산되었지만, 종교는 번성했다"고 할 만하다는 시드니 미드의 분석을 든다. Cf. Sydney Mead, *The Lively Experiment: The Shaping of Christianity in Amarica* (New York: Harper & Row, 1963), 55, 마지막 말로 Henry Steele Commager의 말을 인용하는 것이라고 한다, Wells, 『신학 실종』, 182, n. 17에서 재인용.

5부작의 마지막 책에서는 초기 복음주의 운동이 다음 두 성향을 가지고 있었다고 하고, 그것이 문제를 일으킨 원인이라고 더 명확히 말한다. (1) 대중 운동의 성격을 가져서 성경의 원리가 축소되도록 허용하는 경향, (2) 교회 밖에서 교회와 함께 하는(para) "성격이 점점 강해지다가 마침내는 교회 병형 단체(parachurch)로 변모함에 따라 성경적 의미의 지역 교회는 갈수록 부적절하게" 한 것이다(Wells, *Courage to Be Protestant*, 210=『용기 있는 기독교』, 306). 단순화된 복음을 최고로 말하다 보니 교회는 "부적절한 기관으로 전락하거나, 적어도 사치스러운 것을 치부되었다. 반드시 필요한 것이기 보다는 선택적인 것으로 바뀐 것이다(Wells, *Courage to Be Protestant*, 220=『용기 있는 기독교』, 319). 대중운동은 "평균화 성향"을 가지고(Wells, *Courage to Be Protestant*, 211=『용기 있는 기독교』, 307), 모든 것을 동질화시켜서 결국 기독교가 "모두에게 접근이 가능하되 깊이와 심오함은 잃어버린 기독교"가 되게 한다(Wells, *Courage to Be Protestant*, 212=『용기 있는 기독교』, 309).

273) Wells, *No Place for Truth*, 8=『신학 실종』, 32.

274) Wells, *Above All Earthly Powers*, 281=『위대하신 그리스도』, 394. 계속 이런 방향으로 나아가면 그 결과가 어떻게 될 것인지를 말하는 다음 책도 보라. Thom Rainer, *High Expectations: The Remarkable Secret for Keeping People in Your Church* (Nashville, TN: Broadman and Holman, 1999). 한마디로, "영적인 반작용이 느슨해지고 상실될 때마다, 교회는 파산의 길을 걸었다."(Wells, *Above All Earthly Powers*, 301=『위대하신 그리스도』, 420).

275) Guinness, Dining with the Devil, cited in Wells, *Above All Earthly Powers*, 303=『위대하신 그리스도』, 423.

276) Wells, *No Place for Truth*, 129=『신학 실종』, 210. 이 때부터 그 전까지는 종교적 부흥이라는 것이 이제는 사라지고 있다고 확신하던 조지 갤럽 같은 이가 이런 전통을 중요시하며 인정하게 된 것을 주목하며 말한다(Wells, *No Place for Truth*, 130=『신학 실종』, 210-11). 또한 Wells, *God in the Wasteland*, 18=『거룩하신 하나님』, 44도 보라. 당시 미국 인구의 33%가 자신들을 중생한 그리스도인이라고 했다고 한다(George H. Gallup, *Religion in America 1990* [Princeton: Princeton Religion Research Center, 1990], 4. 그러나 1993년도의 조사 연구에 의하면 그들 중 25%만이 분명한 신앙을 가진 것으로 드러났으며, 그것은 미국 인구의 8%에 불과한 것이라고 한다(Wells, *God in the Wasteland*, 18=『거룩하신 하나님』, 44).

277) Wells, *No Place for Truth*, 4=『신학 실종』, 25. 강조점은 덧붙인 것임.

278) Wells, *No Place for Truth*, 129=『신학 실종』, 210.

279) Wells, *No Place for Truth*, 96=『신학 실종』, 163.

280) Wells, *No Place for Truth*, 9=『신학 실종』, 32.

281) Wells, *No Place for Truth*, 10=『신학 실종』, 33.

282) Wells, *No Place for Truth*, 130, 131, 132, 135=『신학 실종』, 212,

213 ("내적 체험이라는 좁은 틈새 … 내적인 사생활 속으로의 후퇴"),
214 ("사적인 세계로의 칩거"), 218. 웰스는 이 후퇴가 "자신이 유산으
로 받은 개신교에 훨씬 더 큰 피해를 주고 있다"고 평가한다(213). 또한
Wells, 『거룩하신 하나님』, 56; Wells, *Above All Earthly Powers*,
281f.=『위대하신 그리스도』, 65, 395도 보라. 이것이 특히 미국적 특
성과 밀접히 연관된다고 분석하는 Wells, 『거룩하신 하나님』, 93f.도
보라. 또한 오늘날의 복음주의가 섭리 개념도 개인 영역에로만 축소시
키고 있음을 지적하는 『거룩하신 하나님』, 268-75를 보라. 찬송에서
도 "비공개적이고 개인화되고 내면적인 느낌" 중심의 찬양이 주도적이
라는 논의로 Wells, *Losing Our Virtue*, 42-43=『윤리 실종』, 83-84
를 보라. 그리고 이렇게 사적인 영역으로 칩거한 결과 결국 "신학 없는
영성, 사유화된 영성, 따라서 실천되는 신앙의 외부 리듬과 권위로부터
어느 정도 벗어난 영성이 존재"하게 된다고 말하는 Wells, *Above All
Earthly Powers*, 281=『위대하신 그리스도』, 395도 보라.

283) Wells, *No Place for Truth*, 95=『신학 실종』, 161; Wells, 『거룩하
신 하나님』, 144 ("우리 자아, 우리 상태, 우리의 심리 성향 등에 대해
서만 말하면서 하나님을 현실에서 배제한다.") 이는 다음 세 번째 특성
과 같이 하는 것이다. "설교가 심리화하면서, 기독교 신앙의 의미가 개
인화되기 시작"하고, "신앙고백은 빠져 버리고, 신학적 성찰은 한 개인
의 자아에 대한 생각으로 축소된" 것이다(Wells, *No Place for Truth*,
101=『신학 실종』, 169). Wells, 『거룩하신 하나님』, 96 ("기독교가 차
츰 자아 운동으로 전락하고"). 설교에서 자아가 심리학적 관점에서 제
시되고, 따라서 죄가 그저 "이기심, 자기 중심성, 자기 기만" 정도로만
제시되는 경향에 대한 분석으로 Wells, *Losing Our Virtue*, 50-51=『
윤리 실종』, 92-93을 보라. 이것은 결국 "세속적 메시지"이고, "새롭
고 현대적인 신비주의"라는 평가는 매우 정확한 것이다.

그리하여 결국 웰스 교수는 오늘날의 "복음주의 교회는 이렇게 자
아를 섬기는 우상 숭배에 사로 잡혀 있다"고 단언하기 까지 한다
(Wells, *Losing Our Virtue*, 203=『윤리실종』, 322). 그 예로 웰스는
"자아, 자아실현, 자기 성취, 잔존감 등 온갖 자기중심적 언어가 우리
의 생각 속에 깊이 자리 잡은" 현상을 지적한다. "이런 용어가 사고의
필수품이 된 것이다."(Wells, *Courage to Be Protestant*, 138=『용기
있는 기독교』, 207).

1993년에 7개 보수적 신학교(애즈베리, 벧엘, 칼빈, 덴버, 풀러, 고든–콘웰, 탈봇 신학교) 학생들을 대상으로 한 조사 연구를 통해서 웰스는 이 당시 신학생들도 "일반 사회의 대학생들만큼 자기 중심적이고, 자기 도취적이고, 치유만능주의에 빠져 있다"는 현실을 드러내었다(『거룩하신 하나님』, 287).

284) Wells, *No Place for Truth*, 98, 101=『신학 실종』, 165, 169 ("심리 치유 시대가 가져온 만병통치약이 신앙고백을 대신하게 되었다"); Wells, 『거룩하신 하나님』, 55 ("악을 질병처럼 다루는 치유 중심의 문화가 가장 각광 받는 곳이 바로 복음주의 진영이다."), 96, 277. 교회에 치유 단체의 테크닉의 도입 문제를 소개하고 비판한 것으로 Wells, 『거룩하신 하나님』, 123-30을 보라. 찬양에 나타난 치유 중심성에 대한 분석으로는 Wells, 『윤리 실종』, 84-85, 설교에서의 치유 중심성의 문제를 지적하는 Wells, *Losing Our Virtue*, 49-52=『윤리 실종』, 91-92, 95를 보라.

285) Wells, *No Place for Truth*, 95=『신학 실종』, 161; Wells, 『거룩하신 하나님』, 96; Wells, 『윤리 실종』, 95 ("오늘날 많은 현대인들에게 매우 현실적인 것은 심리적 안정을 주는 것이다." 강조점은 덧붙인 것임). 이를 "치유 중심적"이라고 표현하기도 한다(*No Place for Truth*, 290=『신학 실종』, 448). 이런 치유중심적 신학에 이르는 과정을 "예리함을 완화하고 '실천적'이라는 체를 통해 느낌에 와 닿는 것이 중요해지는 식의 신학적 구성"을 하는 것이라고 한다(*No Place for Truth*, 290=『신학 실종』, 448, 강조점은 덧붙인 것임). 그 대표적인 예로 수정 교회의 로버트 슐러의 설교와 목회에 대한 분석을 제시하는 Wells, *Losing Our Virtue*, 199-20=『윤리실종』, 316-17을 보라.

286) 특히 현대의 찬양을 잘 분석하여 제시하는 Wells, *Losing Our Virtue*, 42-46=『윤리 실종』, 81-86을 보라.

287) 여러 곳에서 이를 말하나 특히 Wells, *Losing Our Virtue*, 42-46, 180-205=『윤리 실종』, 81-86, 287-324을 보라. 특히 다음을 보라. Wells, *Losing Our Virtue*, 180=『윤리실종』, 287. 결국은 죄가 사라져 버린다. 그 이유는 현대 문화가 하나님을 없는 것으로 여기기 때문이다. 그러면 "하나님이 사라지듯이 죄도 사라진다."(Wells, *Losing Our Virtue*, 180=『윤리실종』, 290, 윤석인 목사님의 번역을 조정하였

다). 칼 메닝거가 잘 지적하듯이 어떤 죄는 그저 사회적 범죄로 바뀌고, 어떤 죄는 질병으로 탈바꿈했다(Karl Menninger, *Whatever Became of Sin?* [New York: Hawthorne Books, 1973], cited in Wells, *Losing Our Virtue*, 183=『윤리실종』, 290, n. 4).

이렇게 되면 "하나님의 규칙은… 윤리적이지 못하게 되고 치유에 도움을 주는 것이 될 뿐이다."(Wells, *Above All Earthly Powers*, 39=『위대하신 그리스도』, 71).

288) Wells, *No Place for Truth*, 95, 132=『신학 실종』, 161, 213.

289) Wells, *No Place for Truth*, 95, 280=『신학 실종』, 161, 434 ("실용주의 문화는 해당되는 사람에게 효과가 있는 것이면 무엇이나 그 사람에게 그것이 진리라고 볼 것이다.") 그리하여 "대형교회가 복음주의의 교회 내의 혁신을 가장 상징적으로 보여 주는 대상으로 대두되었다"(Wells, *God in the Wasteland*, 60f.=『거룩하신 하나님』, 101). 웰스는 2,000명 이상이 출석하는 교회를 대형 교회라고 한다(*God in the Wasteland*, 61=『거룩하신 하나님』, 101, n. 1).

290) Wells, *God in the Wasteland*, 67=『거룩하신 하나님』, 110. 그러나 이런 식으로 하여 거둔 성공은 "교회가 세상과의 융합을 꾀함으로써 스스로 선뜻 타락하고 있음을 분명히 보여주는 모습에 불과할 것이다."는 말에 귀를 기울여야 한다(Wells, *God in the Wasteland*, 68=『거룩하신 하나님』, 111).

291) 도날드 맥가브란의 교회 성장 운동(Donald McGavran, *Understanding Church Growth* (Grand Rapids: Eerdmans, 1970)에 대한 소개와 비판으로 Wells, *God in the Wasteland*, 69-72=『거룩하신 하나님』, 111-16; Wells, *Above All Earthly Powers*, 288-92=『위대하신 그리스도』, 403-408을 보라. 또한 Os Guinness, *"Sounding Out the Idols of Church Growth,"* in *No God But God*, eds., Os Guinness and John Seel (Chicago: Moody, 1992), 151-74도 보라(이를 언급하는 Wells, *Above All Earthly Powers*, 307=『위대하신 그리스도』, 429, n. 61).

292) Wells, *God in the Wasteland*, 69=『거룩하신 하나님』, 113.

293) 동질성의 원리를 말하는 McGavran, *Understanding Church*

Growth, 198을 보고, 이에 대한 비판으로 Ren　Padilla, *"The Unity of the Church and the Homogeneous Unit Principle,"* in *Exploring Church Growth*, ed., Wilbert R. Shenk (Grand Rapids: Eerdmans, 1983), 285-303; Wells, *Above All Earthly Powers*, 288, 293-96=『위대하신 그리스도』, 404, 410-14; 이승구, 『교회란 무엇인가?』(서울: 여수룬, 1996, 개정판, 서울: 나눔과 섬김, 2016), 109-39를 보라.

294) Cf. George Barna, *Marketing the Church: What They Taught You about Church Growth* (Colorado Springs: NavPress, 1988); idem, *Church Macketing: Breaking Ground fo r the Harvest* (Ventura, CA: Regal Books, 1992). 조지 바나의 교회 마케팅 이론에 대한 소개와 비판으로 Wells, 『거룩하신 하나님』, 116-23, 특히 그에 대한 비판으로 130-37, Wells, *Above All Earthly Powers*, 267, 276-77, 292-309=『위대하신 그리스도』, 376, 386-87, 409-31을 보라.

자신이 베이비부머 중심의 교회를 개척한 사례를 소개하는 Doug Murren, *The Baby Boomering: Catching Baby Boomers as They Return to Church* (Ventura, CA: Regal Books, 1990)을 보고, 그와 같이 미국 문화 시장에서 기독교가 같은 방식으로 취해 나간 문제를 분석한 R. Laurence Moore, *Selling God: American Religion in the Marketplace of Culture* (New York: Oxford University Press, 1994); Charles Lippy, *Being Religious, American Style: A History of Populer Religiosity in the United States* (Westport, CT: Greenwood Publishing, 1994): "The Glorious Rise of Christian Pop," *Newsweek* (July 16, 2001): 38-48; 급기야 하나의 완전한 자급 사회를 만들어 제공하기도 하는 경우를 소개하는 Patricia Leigh Brown, "Megachurches as Minitowns," *New York Times* (May 9, 2002), F. 1도 보라.

이를 말하면서 교회를 마케팅하는 것을 비판하는 책으로 Douglas D. Webster, *Selling Jesus: What's Wrong with Marketing the Church* (Downers Grove, IL: IVP, 1992), 비슷하게 이런 교회가 사람들에게 별 변화를 만들어 낼 것 같지 않다고 진단하는 Robert Wuthnow, *The Crisis in the Churches: Spiritual Malaise, Fiscal Woe* (New York: Oxford University Press, 1997), 68, cited in Wells, *Above All*

Earthly Powers, 291=『위대하신 그리스도』, 408, n. 45를 보라. 핵심은 이 세상의 지배하는 시장 원리가 있으나 "이 시장의 원리에 따라 움직이는 것은 화를 자초하는 일이다"는 것이다(Wells, *Above All Earthly Powers*, 293=『위대하신 그리스도』, 409). 교회는 이 세상, 특히 우리기 초점을 맞추는 사람들이 "듣기 좋아 하지 않아도 말해야 하는 무엇인가"를 가지고 말해야 하며, 교회 밖 세상 전체에 대해 할 말이 있어야하고, "사유화된 개인 체험의 편협한 초점을 초월하는 소망에 대해서" 말해야한다는 것이다(Wells, *Above All Earthly Powers*, 296=『위대하신 그리스도』, 413, 강조점은 덧붙인 것임).

295) Barna, *Marketing the Church*, 26, cited in Wells, *Above All Earthly Powers*, 276=『위대하신 그리스도』, 387, n. 18.

296) Wells, *Above All Earthly Powers*, 313=『위대하신 그리스도』, 439.

297) Wells, *Courage to Be Protestant*, 30=『용기 있는 기독교』, 59.

298) Wells, *No Place for Truth*, 95=『신학 실종』, 161f.; Wells, *Losing Our Virtue*, 6=『윤리실종』, 27.

299) Wells, *No Place for Truth*, 130f., 136=『신학 실종』, 212, 219 ("거듭 났다는 그 사람들은 내적인 삶에만 연결되어 있고, 외부 세계에 대해서는 인식상 단절된 폐쇄적인 사람들이다."); Wells, *Above All Earthly Powers*, 34=『위대하신 그리스도』, 65.

300) Wells, *No Place for Truth*, 293=『신학 실종』, 454. 만일에 진정 중생한 사람들이 제대로 된 기독교 정통주의에 충실했으면 성경적 세계관에서 비롯된 "강력한 도덕성의 물결이 광장과 사무실과 회의실, 미디어와 대학교와 전문직, 이 나라의 이 끝에서 저 끝까지 흘러넘치고 있어야 할 것이다… 세속적 가치들은 동요하고, 그 가치들을 주창하는 사람들은 아주 힘들어해야 할 것이다. 그러나 현실은 이 복음주의 집단의 확장이 문화 가운데서 별로 눈에 띄지 않는다는 것이다."(*No Place for Truth*, 293=『신학 실종』,454) 이점을 한국 교회도 깊이 새겨들어야 할 것이다.

현실은 "문화에 순응하는 복음주의계의 모습과 신학 없는 신앙에서 비롯된 복음주의계의 자기 배반 탓에, 덕성이 위협받는 국가적인 위기를 맞아도 기독교가 아무런 대답도 해 줄 수 없는" 모습을 드러내고 있다고 한다(Wells, *Losing Our Virtue*, 2=『윤리실종』, 21).

301) Wells, *No Place for Truth*, 95, 101=『신학 실종』, 161f., 169 ("그러므로 역사적 의미에서의 신학은 죽었다고 말하는 것이 옳다"), 181. Wells, 『거룩하신 하나님』, 52에서는 "1960년대 이전의 복음주의는 자신을 신학적으로 정의했으나, 그 후에는 그런 경향이 점점 사라졌다"고 한다. 이것이 5부작 중 첫째권인 신학 실종의 주제라고도 할 수 있다. 이 책의 제목들이 이를 잘 드러낸다. 진리 실종(*No Place for Truth*), 복음주의 신학은 어떻게 되었는가?(*Whatever Happened to Evangelical Theology*), 그리고 한국판 제목으로 잡은 신학실종.

302) Wells, *No Place for Truth*, 106=『신학 실종』, 177. 있기는 있는데 사실 없는 것과 같은 상태에 이른 것을 지적하는 말이다. 즉 이전에는 신학의 말을 들으려고 했으나 이제는 신학의 말을 그 누구도 듣지 않은 그 모습을 지적하는 것이다. 때로는 하나님의 상실로 이를 표현하기도 한다(Wells, *God in the Wasteland*, 89=『거룩하신 하나님』, 143).

303) Wells, *God in the Wasteland*, 24, 27=『거룩하신 하나님』, 52, 56. 이를 자세히 분석하여 제시한 Wells, *No Place for Truth*, 218-57=『신학 실종』, 343-97("진리 전달자에서 교회 경영 전문가로 변화된 목사")을 보라. 또한 Wells, *Courage to Be Protestant*, 25, 51, 150=『용기 있는 기독교』, 53f., 87, 223도 보라.

304) Wells, *No Place for Truth*, 300=『신학 실종』, 464. 그는 이를 "공허한 예배"라고 부르기도 한다(161). 이를 분석한 책으로 Walt Kallestead, *Entertainment Evangelism: Taking the Church Public* (Nashville, TN: Abingdon Press 1996)을 언급한다(Wells, *Above All Earthly Powers*, 273=『위대하신 그리스도』, 383, n. 10)

305) Wells, 『거룩하신 하나님』, 56.

306) Wells, *Above All Earthly Powers*, 273=『위대하신 그리스도』, 383.

307) Wells, *Courage to Be Protestant*, 47=『용기 있는 기독교』, 81.

308) Wells, *Courage to Be Protestant*, 214=『용기 있는 기독교』, 311.

309) Wells, *Courage to Be Protestant*, 214=『용기 있는 기독교』, 311. 홍병용 간사님의 번역을 조금 조정하였다.

310) Wells, *Courage to Be Protestant*, 214=『용기 있는 기독교』, 311.

311) Wells, *Courage to Be Protestant*, 214=『용기 있는 기독교』, 312.

312) Cf. Wells, *Courage to Be Protestant*, 215=『용기 있는 기독교』, 312. 여기서 웰스는 인도에 사는 특정한 그리스도인들을 분석하면서 그들을 염두에 두고 이 용어를 썼던 Herbert Hoefner, *Churchless Christianity* (1991, 2nd edition, Pasadena, CA: William Carey Library, 2002)을 생각하면서 이를 말한다. 이는 이슬람의 내부자 운동과 비슷한 형태의 힌두교에 속해 있는 스스로는 예수 믿는 사람들을 지칭하는 말로 사용된 것이다. 웰스의 의도는 오늘날 일부 복음주의자들이 자신들이 복음을 믿는다고 하나 제자도의 대가는 전혀 치르려고 하지 않는 것은 비슷한 유형이 아닌가 하는 것이다.

313) Wells, *Courage to Be Protestant*, 227=『용기 있는 기독교』, 329.

314) Wells, *No Place for Truth*, 97=『신학 실종』, 163.

315) Wells, *No Place for Truth*, 128=『신학 실종』, 207. 이를 "1960년 이후의 복음주의는 너그러워졌다"는 말로 표현하기도 한다(Dean M. Kelly, *Why Conservative Churches are Growing?* [Macon: Mercer University Press, 1986], 56-77, Wells, 『거룩하신 하나님』, 53, n. 14에서 재인용). 특히 1970년대 말에 이것이 노골화되었다고 한다. 웰스는 이것이 "복음주의 내부에서 신학의 경계가 확장되고, 신학의 중심이 붕괴됨에 따라" 일어난 일이라고 분석한다(Wells, 『거룩하신 하나님』, 53).

316) Wells, *No Place for Truth*, 128=『신학 실종』, 208.

317) Wells, *No Place for Truth*, 131=『신학 실종』, 212. 대표적인 예로 하나님의 섭리를 하나님이 지금 하고 있는 일에서 아주 명확하게 확언할 수 있다고 하는 일종의 직통 계시론자들은 "우리가 보는 것이 아닌 믿음을 따라 걷도록 부름을 받았다는 성경적 주장을 놓치기 쉽고"… "그런 시도는 거기서 그치지 않고 사실상 그리스도의 십자가를 손상시킨다"는 웰스의 주장을 깊이 새겨들어야 한다(『거룩하신 하나님』, 277).

"십자가에서 이룬 그리스도의 사역과 그 인격의 영광이 오늘날 하나님께서 세상에서 하시는 일을 살펴 볼 수 있는 유일한 표준"이다. 그러므로 "성경이 이해한 그리스도의 구원의 죽음에서 시작하지 않는 일은 … 온당한 하나님의 사역으로 정의될 수 없다"(*God in the Wasteland*, 184=『거룩하신 하나님』, 279)는 말은 매우 중요한 요점이다.

318) Wells, *No Place for Truth*, 134=『신학 실종』, 216.

319) Wells, *Courage to Be Protestant*, 42=『용기 있는 기독교』, 76. 2005년에는 7%였고, 2006년에는 9%였다고 한다. 그는 "이 정도의 수치로는 도무지 국민의 영혼을 사로잡을 수도, 군력 있는 자리를 차지할 수도, 문화적 기관들을 지배할 수도 없다'"고 한다(Wells, *Courage to Be Protestant*, 43=『용기 있는 기독교』, 77).

320) Wells, *Courage to Be Protestant*, 180=『용기 있는 기독교』, 265.

321) Wells, *God in the Wasteland*, 25=『거룩하신 하나님』, 54. 이런 상황을 자세히 분석한 것으로 Wells, "On Being Evangelical: Some Theological Differences and Similarities," in *Evangelicalism: Comparative Studies of Popular Protestantism in North America, the British Isles and Beyond, 1700–1990*, eds., Mark A. Noll, David W. Bebbington, and George A. Ralwyk (New York: Oxford University Press, 1993), 389–410을 보라고 한다(Wells, 『거룩하신 하나님』, 54, n. 16).

322) Wells, *Courage to Be Protestant*, 181=『용기 있는 기독교』, 267. 홍병룡 간사님의 번역을 조정하였다.

323) Wells, *Courage to Be Protestant*, 132=『용기 있는 기독교』, 198.

324) Wells, *Courage to Be Protestant*, 181=『용기 있는 기독교』, 267.

325) Wells, *No Place for Truth*, 102=『신학 실종』, 170.

326) Wells, *No Place for Truth*, 112=『신학 실종』, 185, 강조점은 덧붙인 것임. 또한 Wells, *Courage to Be Protestant*, 26=『용기 있는 기독교』, 55도 보라 ("일부러 진리의 문제를 비켜 가는, 성공을 위한 방법론"). 예를 들어서 현대 세계 안에서 진정한 그리스도인이 되기를 제시

하는 비교적 복음주의적인 고든 맥도날드(Gordon McDonlad)의 책들이 얼마나 미국 문화의 환경에서 유래한 것인지, 즉 얼마나 현대주의적 성격을 가지고 있는 지를 분석하여 제시하는 Wells, *Above All Earthly Powers*, 22-23=『위대하신 그리스도』, 51, n. 9도 보라.

327) Wells, *God in the Wasteland*, 26=『거룩하신 하나님』, 55.

328) Wells, *God in the Wasteland*, 27=『거룩하신 하나님』, 57. 여기서 웰스는 John Cuddihy, *No Offense: Civil Religion and Protestant Taste* (New York: Seabury Press, 1978), 1-30을 보라고 한다.

329) Wells, *God in the Wasteland*, 26=『거룩하신 하나님』, 55. 그리하여 "오늘날 교회는 … 신학적 이해와 판단이 사라진" 것이다(*God in the Wasteland*, 37=『거룩하신 하나님』, 67).

330) Wells, *No Place for Truth*, 135=『신학 실종』, 219. Wells, 『거룩하신 하나님』, 57 ("그 문화를 그대로 모방하기에 이르렀다").

331) Wells, *No Place for Truth*, 300=『신학 실종』, 465, 강조점은 덧붙인 것임. Wells, 『거룩하신 하나님』, 141. 이것을 "가벼운 하나님"이라고 묘사한다. 즉, "하나님이 중요지 않게 되었고," "인생에 대해서 그 중요성을 상실했다"고 한다. 이와 관련하여 그 제목을 웰스가 나름대로 인유해 사용한 Jackson Leards, *No Place for Grace: Antimodernism and the Transformation of American Culture, 1880-1920* (New York: Pantheon Books, 1981), 32를 언급한다.

332) Wells, *Losing Our Virtue*, 52=『윤리 실종』, 96.

333) Wells, *Losing Our Virtue*, 208=『윤리실종』, 329.

334) Wells, *Above All Earthly Powers*, 47=『위대하신 그리스도』, 82, 강조점은 덧붙인 것임. 이는 데이비드 리용이 "디즈니화"(Disneyfication)라고 한 "현대성의 물결"(David Lyon, *Jesus in Desneyland: Religion in Postmodern Times* [Cambridge: Polity Press, 2000], 4)이 교회를 사로잡은 결과이다.

335) 2005년까지 낸 4부작까지는 주로 이 문제를 중심으로 문제를 제기하고, 그런 복음주의 운동을 개혁하는 제시하고 있다. 이 때까지는 이

멀징 교회 운동가들도 이 부류로 한데 넣어 논의하다가, 2008년의 책에서 이멀전트 그룹을 따로 다루기 시작한다. Cf. Wells, *Courage to Be Protestant*, 4, 15–18=『용기 있는 기독교』, 25, 39–43.

336) Wells, *Courage to Be Protestant*, 25 ("market–defined, marcket–driven and seeker–sensitive")=『용기 있는 기독교』, 53. 그 대표적 인물로 언급되는 분들이, 1975년 시작하여 2018년에 매주 24,000명 출석하는 윌로우 크릭 공동체 교회의 빌 하이벨스(Wells, *Above All Earthly Powers*, 265–66, 286, 296, n. 49, 297, n. 50=『위대하신 그리스도』, 373–74, 401, 414, n. 49, 415f., n. 50)와 남침례 교단에 속한 1980년에 시작하여 현재 매주 2만명 출석하는 새들백교회의 목사요 『목적이 이끄는 교회』, 『목적이 이끄는 삶』의 저자인 릭 워렌(Wells, *Courage to Be Protestant*, 24=『용기 있는 기독교』, 52) 등이다. 1992년에 같은 생각을 가진 분들을 중심으로 윌로우 크릭 협회가 조직되었는데, 2001년에 이에 속한 교회가 5,000 교회였고, 매년 6만 5천명의 목회자들이 매년 컨퍼런스를 가진다고 한다.

사이즈로 따지면 한국에 있는 교회들이 추종을 불허한다고 할 수 있다. 2013년 통계로 여의도 순복음 교회가 77만, 은혜와 진리의 교회가 50만, 금란 교회가 11만, 광림교회가 10만, 명성 교회가 9만 5천, 주안교회가 9만, 순복음 인천 교회가 8만, 온누리 교회가 5만 5천, 지구촌 교회가 5만, 사랑의 교회가 4만명의 통계를 제시했다고 한다. 2015년 통계로는 여의도 순복음 교회가 48만명, 사랑의 교회가 3만명으로 조사되었다(http://www.newsm.com/news/articleView.html?idxno=5270). 오마이뉴스 기사에 의하면, 소망 교회 2017년에 8만명 (http://www.ohmynews.com/NWS_Web/View/at_pg_w.aspx?CNTN _CD=A0002344146).

337) Wells, *Courage to Be Protestant*, 25=『용기 있는 기독교』, 53.

338) Wells, *Courage to Be Protestant*, 16=『용기 있는 기독교』, 41.

339) Wells, *Courage to Be Protestant*, 16=『용기 있는 기독교』, 40–41.

340) Wells, *Courage to Be Protestant*, 16=『용기 있는 기독교』, 40.

341) Wells, *Courage to Be Protestant*, 16=『용기 있는 기독교』, 40. 홍

병룡 간사님의 번역을 조금 수정하였다. 그들이 진리에 대해서 말하는 방식을 제시하고 비판하는 Wells, *Courage to Be Protestant*, 77f., 86f.=『용기 있는 기독교』, 122f., 134f. 을 보라.

342) Wells, *Courage to Be Protestant*, 16=『용기 있는 기독교』, 41.

343) 이멀전트 그룹이 특히 X 세대 중심적임을 말하는 Wells, *Courage to Be Protestant*, 41=『용기 있는 기독교』, 74를 보라.

344) Wells, *Courage to Be Protestant*, 17=『용기 있는 기독교』, 42.

345) Wells, *Courage to Be Protestant*, 18=『용기 있는 기독교』, 43.

346) Wells, *Courage to Be Protestant*, 18=『용기 있는 기독교』, 43.

347) Wells, *Courage to Be Protestant*, 210=『용기 있는 기독교』, 306.

348) Wells, *Courage to Be Protestant*, 216=『용기 있는 기독교』, 314.

349) Wells, *Courage to Be Protestant*, 237=『용기 있는 기독교』, 342-43. 맨 마지막 말은 사실 더 심각한 말이니 "prostituting the church"이니 교회를 창녀화 하는 것이라는 말이다. 루터의 표현이 생각되지 않는가?

350) Wells, *Courage to Be Protestant*, 45=『용기 있는 기독교』, 79.

351) Wells, *Courage to Be Protestant*, 53=『용기 있는 기독교』, 90.

352) Wells, *Courage to Be Protestant*, 46=『용기 있는 기독교』, 80.

353) Wells, *Courage to Be Protestant*, 47=『용기 있는 기독교』, 81.

354) Wells, *Courage to Be Protestant*, 52=『용기 있는 기독교』, 89.

355) Wells, *Courage to Be Protestant*, 54=『용기 있는 기독교』, 91. 강조점을 덧붙인 것임. 홍병룡 간사님의 번역은 좀 더 강하긴 하다. 그러나 그렇게 번역할 수도 있고, 그저 직역하여 "기독교 신앙을 손상시키고 있다"("It is damaging Christian faith.") 말하는 것 보다 더 효과적이라고 생각된다.

356) Wells, *Courage to Be Protestant*, 48=『용기 있는 기독교』, 83.

357) C. S. Lewis, *The Abolition of Man* (New York: Macmillan, 1947), 35. Wells, *Courage to Be Protestant*, 45=『용기 있는 기독교』, 79. Cf. Wells, *No Place for Truth*, 247, n. 50=『신학 실종』, 383.

358) Wells, *Courage to Be Protestant*, 244=『용기 있는 기독교』, 351.

359) 그래서 웰스 자신이 "세속화의 효과가 하나님을 변두리로 몰아내고 절대적이고 초월적인 것을 일상생활과는 무관한 것으로 만들어 버렸다는 점에 대해서는 광범위하게 의견의 일치를 보고 있지 않은가?"라고 묻기도 할 정도이다(Wells, 『신학 실종』, 30). 대표적인 예로 미국 연방 대법원 후보 지명자였던 Robert H. Bork의 *Slouching Towards Gomorrah: Modern Liberalism and American Decline* (New York: HaperCollins, 1996)를 보라.

360) 같은 제안을 하는 사람이 그의 젊은 동료인 Richard L. Lints 이다. 린츠의 *The Fabric of Theology* (Grand Rapids: Eerdmans, 1993)을 보라. 이 책에 대한 분석으로 이승구, 『전환기의 개혁신학』 (서울: 이레서원, 2008), 605–38을 보라.

   잘 보면 웰스의 논의 속에 처음부터 해결책 제시가 있는 데도 사람들은 그가 복음주의 운동을 비판하면서 방안은 내놓지 않는다고 비판한다는 것은 매우 의아하다. 웰스 자신은 이 문제를 언급하면서 오늘날 교회들이 정통적 교회, 즉 성경적 교회를 한 번도 경험해 보지 못했기 때문이 아닌가고 논의하고 있다(Wells, *Courage to Be Protestant*, 217–18=『용기 있는 기독교』, 315–16).

361) Wells, *Courage to Be Protestant*.

362) Wells, *No Place for Truth*, 24=『신학 실종』, 25. 김재영 목사님의 번역을 일부 손질하였다. 웰스는 심지어 비난을 감수하더라도 "나는 짖어야 한다"고 말하기도 한다(*No Place for Truth*, 5=『신학 실종』, 26).

363) Wells, *No Place for Truth*, 11, 12, 96 =『신학 실종』, 36, 37, 163.

364) Wells, *No Place for Truth*, 11=『신학 실종』, 36. 그러 일의 하나로 소위 포스트모더니즘과 복음주의를 연결시켜 보려는 Stanley Grenz & John Frank, *Beyond Foundationalism: Shaping Theology in a*

Postmodern Context (Louisville, KY: Westminster/John Knox Press, 2001)은 토대주의를 탈피하려고 하다가 "권위가 성경 말씀보다 말씀하시는 성령님께 있게 되고," 바로 그런 의미에 "성령이 말씀 하시는 매체라는 점에서 성경은 권위가 있다"(65)고 하여 결국 바르트주의와 비슷한 입장을 취하게 되며, 결과적으로는 "각 지역 공동체가 마음대로 진리를 규정하는 상당주의에" 빠질 수 있어서, "이런 제안이 취하는 방향이 역사적 정통주의를 훼손하지 않고 유지될 수 있는 지는 미지수다"고 밝힌다(Wells, *Above All Earthly Powers*, 83=『위대하신 그리스도』, 130, n. 27). 이런 성향의 "반토대주의 신학은 자신과 운명을 같이하는 포스트모더니즘 문화에 대해서 거의 어떤 것도 말하지 못하는 상태로 남게 만든다"고 한다(Wells, *Above All Earthly Powers*, 84=『위대하신 그리스도』, 131f.).

365) Wells, *Courage to Be Protestant*, 18=『용기 있는 기독교』, 43. 차이가 있다면 구도자 지향적 마케팅 교회주의자들은 자신들이 그 안에 있다고 생각하는데 사실은 밖에 있다는 것이고, 이멀전트 그룹은 자신들이 밖에 있다는 것을 안다는 것 뿐이라고 한다. 사실 이는 매우 강력한 주장이 아닐 수 없다. 결국 마케팅주의자들과 이멀전트 그룹은 복음주의가 아니라는 말이기 때문이다.

366) 대개 이렇게 표현하지만 때로는 고전적 정통주의(the classical orthodoxy)라고 표현하기도 한다(Wells, *Courage to Be Protestant*, 2=『용기 있는 기독교』, 23 ("고전적 정통 교리").

367) 웰스는 이것을 "황무지"라고 표현한다. Wells, 『거룩하신 하나님』의 원제목을 주목해 보라. *God in the Wasteland: The Reality of Truth in a World of Fading Dreams* (Grand Rapids: Eerdmans, 1994).

368) Wells, *Losing Our Virtue*, 204=『윤리실종』, 322,

369) Wells, *God in the Wasteland*, 31=『거룩하신 하나님』, 62.

370) Wells, *God in the Wasteland*, 227=『거룩하신 하나님』, 343. "우리에게 필요한 것은 복음의 교정이 아니라, 교회의 개혁이다"(Wells, *Losing Our Virtue*, 209=『윤리실종』, 331).

371) Wells, *God in the Wasteland*, 122-51=『거룩하신 하나님』,

191-231.

372) Wells, *God in the Wasteland*, 225=『거룩하신 하나님』, 341.

373) Wells, *God in the Wasteland*, 133-45=『거룩하신 하나님』, 206-23; Wells, *Losing Our Virtue*, 35=『윤리실종』, 71.

374) Wells, *God in the Wasteland*, 119=『거룩하신 하나님』, 186.

375) Wells, *God in the Wasteland*, 119=『거룩하신 하나님』, 187.

376) Wells, *God in the Wasteland*, 119=『거룩하신 하나님』, 186.

377) Wells, *God in the Wasteland*, 150=『거룩하신 하나님』, 230.

378) Wells, *God in the Wasteland*, 227=『거룩하신 하나님』, 343. 이 말이 이 책의 마지막 문단에서 웰스가 하려는 말이다.

379) Wells, *No Place for Truth*, 5f.=『신학 실종』, 27.

380) Wells, *No Place for Truth*, 99=『신학 실종』, 167.

381) Wells, *No Place for Truth*, 6=『신학 실종』, 27.

382) Wells, *No Place for Truth*, 12=『신학 실종』, 37.

383) Wells, *No Place for Truth*, 13=『신학 실종』, 39.

384) Wells, *Losing Our Virtue*, 19=『윤리 실종』, 45; Wells, *Above All Earthly Powers*, 231=『위대하신 그리스도』, 326; Wells, *Courage to Be Protestant*, 226=『용기 있는 기독교』, 327.

385) 예를 들어 하나님 앞에서의 루터의 체험을 분석하는 Wells, *Losing Our Virtue*, 34-40=『윤리 실종』, 71-76을 보라.

386) 이를 언급하는 Wells, *Losing Our Virtue*, 39=『윤리실종』, 76을 보라. 특히 존 오웬의 죄 용서 경험을 분석하는 *Losing Our Virtue*, 639-40=『윤리 실종』, 76-78과 회심자의 첫째 기도문을 제시하는 *Losing Our Virtue*, 42=『윤리 실종』, 80-81의 n. 24를 보라.

387) 특히 David Brainard의 거룩하신 하나님 앞에서의 죄에 대한 인식과 변화에 대해 분석하는 Wells, *Losing Our Virtue*, 40-41=『윤리실

종』, 78–80을 보라.

388) Cf. Wells, *Losing Our Virtue*, 9=『윤리 실종』, 32.

389) 웰스가 생각하는 20세기 초 복음주의의 뛰어난 지도자들은 칼 헨리, 에드워드 카넬, 코넬리우스 밴틸, 버나드 램, 프란시스 쉐퍼, 케네뜨 칸져(Wells, *No Place for Truth*, 133=『신학 실종』, 215f.; Wells, *Losing Our Virtue*, 33=『윤리실종』, 67f.), 로이드 존스, 패커, 스토트(Wells, *Losing Our Virtue*, 33=『윤리실종』, 67f.) 등이다.

390) Wells, *Losing Our Virtue*, 19=『윤리 실종』, 45. 사실 이 질문이 이 『윤리 실종』 전체의 과제를 규정하는 질문이라고도 할 수 있다. 사도시대의 교회에 대한 강조로 Wells, 『신학 실종』, 171–74도 보라.

391) Cf. Wells, *Losing Our Virtue*, 27=『윤리실종』, 63f.

392) Wells, *Losing Our Virtue*, 10=『윤리 실종』, 32.

393) Wells, *No Place for Truth*, 98=『신학 실종』, 166.

394) Wells, *No Place for Truth*, 98=『신학 실종』, 165f.

395) Wells, *Courage to Be Protestant*, 1=『용기 있는 기독교』, 21.

396) Wells, *God in the Wasteland*, 224=『거룩하신 하나님』, 339.

397) Wells, *God in the Wasteland*, 224=『거룩하신 하나님』, 339.

398) Wells, *Above All Earthly Powers*, 316=『위대하신 그리스도』, 443.

399) Wells, *Above All Earthly Powers*, 316=『위대하신 그리스도』, 443.

400) Wells, *No Place for Truth*, 100=『신학 실종』, 168.

401) Wells, *No Place for Truth*, 100=『신학 실종』, 168.

402) Wells, *No Place for Truth*, 102=『신학 실종』, 171.

403) Wells, *No Place for Truth*, 102ff.=『신학 실종』, 171ff.

404) Wells, *God in the Wasteland*, 223=『거룩하신 하나님』, 338.

405) Wells, *No Place for Truth*, 102f. =『신학 실종』, 172.

406) Wells, *No Place for Truth*, 103=『신학 실종』, 173.

407) Wells, *Losing Our Virtue*, 105=『윤리실종』, 174f.

408) Wells, *Losing Our Virtue*, 105=『윤리실종』, 175.

409) Wells, *No Place for Truth*, 301=『신학 실종』, 465.

410) Wells, *Losing Our Virtue*, 180=『윤리실종』, 287.

411) Wells, *Losing Our Virtue*, 196=『윤리실종』, 310

412) Wells, *Losing Our Virtue*, 205=『윤리실종』, 324.

413) Wells, *Losing Our Virtue*, 206=『윤리실종』, 326

414) Wells, *Courage to Be Protestant*, 221=『용기 있는 기독교』, 321.

415) Wells, *Losing Our Virtue*, 206=『윤리실종』, 326.

416) Wells, *Losing Our Virtue*, 207f. =『윤리실종』, 328

417) Wells, *Above All Earthly Powers*, 309=『위대하신 그리스도』, 430-31.

418) Wells, *Courage to Be Protestant*, 98=『용기 있는 기독교』, 152, 강조점은 덧붙인 것임. Wells, *Courage to Be Protestant*, 223=『용기 있는 기독교』, 324에서는 이렇게 말한다: "그런즉 우리에게 필요한 것은 무엇보다도 하나님의 생각을 좇아 생각하고, 교회에 대한 하나님의 생각을 본받아 교회를 생각하는 일이다."(강조점은 덧붙인 것임).

419) Wells, *No Place for Truth*, 288=『신학 실종』, 446.

420) Wells, *No Place for Truth*, 296=『신학 실종』, 458; Wells, *Courage to Be Protestant*, 117=『용기 있는 기독교』, 178.

421) Wells, *No Place for Truth*, 296-301=『신학 실종』, 458-66;『거룩하신 하나님』(서울: 부흥과 개혁사, 2007).

422) Wells, *Courage to Be Protestant*, 133=『용기 있는 기독교』, 199.

423) Wells, *No Place for Truth*, 300=『신학 실종』, 464. Wells, *Courage to Be Protestant*, 117=『용기 있는 기독교』, 178.

424) Wells, *Courage to Be Protestant*, 117=『용기 있는 기독교』, 178.

425) Wells, *Courage to Be Protestant*, 247=『용기 있는 기독교』, 356.

426) Wells, *Courage to Be Protestant*, 247=『용기 있는 기독교』, 355.

427) Wells, *Above All Earthly Powers*, 231=『위대하신 그리스도』, 326. 또한 Wells, *Courage to Be Protestant*, 126=『용기 있는 기독교』, 190.

428) Wells, *Courage to Be Protestant*, 124=『용기 있는 기독교』, 187.

429) Wells, *Courage to Be Protestant*, 76=『용기 있는 기독교』, 121.

430) Wells, *Courage to Be Protestant*, 84=『용기 있는 기독교』, 131. 강조점은 덧붙인 것임.

431) Wells, *Courage to Be Protestant*, 80=『용기 있는 기독교』, 127.

432) Wells, *Courage to Be Protestant*, 75=『용기 있는 기독교』, 120.

433) Wells, *Courage to Be Protestant*, 226=『용기 있는 기독교』, 327.

434) Wells, *Courage to Be Protestant*, 227 ("The agenda comes from the Word of God." Emphasis is given)=『용기 있는 기독교』, 329. 그렇게 하지 않는 교회는 사실상 "오직 성경(sola Scriptura)이 아니라 오직 문화(sola cultura)의 기치를 내거는 셈이다"는 웰스의 말을 주목해 들어야 한다(Wells, *Courage to Be Protestant*, 227=『용기 있는 기독교』, 329).

435) Wells, *No Place for Truth*, 296=『신학 실종』, 458.

436) Wells, *Courage to Be Protestant*, 226=『용기 있는 기독교』, 328.

437) Wells, *Courage to Be Protestant*, 181=『용기 있는 기독교』, 267.

438) Wells, *No Place for Truth*, 260=『신학 실종』, 403.

439) Wells, *Courage to Be Protestant*, 38=『용기 있는 기독교』, 70.

440) Wells, *No Place for Truth*, 280=『신학 실종』, 433. 성경과 그것이 기록하고 있는 것의 객관성에 대한 강조로 Wells, *Above All Earthly Powers*, 173–75=『위대하신 그리스도』, 248–50을 보라.

441) Wells, *Above All Earthly Powers*, 9=『위대하신 그리스도』, 30. 윤석인 목사님의 번역을 조정하였다.

442) Wells, *Courage to Be Protestant*, 4=『용기 있는 기독교』, 25.

443) Wells, *No Place for Truth*, 278, 280=『신학 실종』, 430, 433. 이 점과 관련해서 비슷한 요점을 말하는 David Tracy, *"Theology as Public Discourse,"* Christian Century 13 March 1975, 280–84; *The Analogical Imagination* (New York: Crossroad, 1985)를 언급하면서 동시에 그의 치명적 문제점, 즉 "진리와 거짓의 기준이 사회 안에 있는 담론 공동체 가운데서 발견될 수 있다"는 Tracy의 믿음까지를 그 문제점과 함께 잘 지적한다(Wells, *No Place for Truth*, 278=『신학 실종』, 431, n. 29).
그러므로 웰스는 모든 정통주의자들과 함께 "성경 계시가 개관적이고 인식될 수 있는 것이라면, [해석자로서 우리들이 가진] 이런 편견까지도 하나님의 진리에 의해 교정"될 수 있어서 우리는 하나님과 그의 말씀을 바로 일고 해석할 수 있게 된다고 확증한다(Wells, *Above All Earthly Powers*, 88=『위대하신 그리스도』, 136).

444) Wells, *No Place for Truth*, 282=『신학 실종』, 436.

445) 이 세 가지의 문제점을 지적하는 Wells, *Courage to Be Protestant*, 27=『용기 있는 기독교』, 56을 보라.

446) Wells, *Losing Our Virtue*, 30=『윤리실종』, 64.

447) Wells, *Courage to Be Protestant*, 248=『용기 있는 기독교』, 356–57.

448) Wells, *Above All Earthly Powers*, 315f.=『위대하신 그리스도』, 442.

449) Wells, *Above All Earthly Powers*, 316=『위대하신 그리스도』, 442. 웰스의 강조점을 드러내기 위해 윤석인 목사님의 부드러운 번역

을 원문대로 강하게 조정하였다.

450) Wells, *Above All Earthly Powers*, 311=『위대하신 그리스도』, 436, 강조점은 덧붙인 것임. 윤석인 목사님의 직역을 의역하여 조정하였음.

451) Wells, *Courage to Be Protestant*, 222=『용기 있는 기독교』, 323.

452) Wells, *Courage to Be Protestant*, 95=『용기 있는 기독교』, 147.